U0946441

沉默的道钉

沉默的道钉

建设北美铁路的华工

（修订版）

黄安年 编著

五洲传播出版社

图书在版编目(CIP)数据

沉默的道钉：建设北美铁路的华工／黄安年编著. —2版. —北京：五洲传播出版社，2017.1
ISBN 978-7-5085-3286-8

I. ①沉...
II. ①黄...
III. ①华工－史料－北美洲－1860～1880－画册 ②铁路运输－交通运输史－史料－北美洲－1860～1880－画册
IV. ①D634.371-64 ②F537.109-64

中国版本图书馆CIP数据核字 (2015) 第305461号

监　　制　国务院新闻办公室

沉默的道钉：建设北美铁路的华工（修订版）

编 著 者　黄安年
出 版 人　荆孝敏
责任编辑　高　磊
设计制作　北京原色印象文化艺术中心
出版发行　五洲传播出版社
地　　址　北京市海淀区北三环中路31号生产力大楼B座6层
发行电话　010-82005927　010-82007837
网　　址　www.cicc.org.cn　www.thatsbooks.com
承 印 者　北京华联印刷有限公司
版　　次　2017年1月第2版第1次印刷
开　　本　889×1194毫米　1/16
印　　张　12.5
字　　数　180千字
定　　价　158.00元

目录

修订版前言

笔者编著的《沉默的道钉：建设北美铁路的华工》中文版2006年由五洲传播出版社出版，由张聚国博士翻译的英文版亦同时出版。横贯北美的太平洋铁路的建成是美国近代化进入狂飙时期的重要标志，也是中美和中加经济文化交流、近代经济全球化发展起始阶段的重大事件。无论从历史或现实、学术研究或文化交流的角度，深入开展北美铁路建设中的华工研究都很有必要。

我对美国铁路华工的研究开始于1979年中美建交之际，那一年的《世界历史》杂志第6期发表了我的《外来移民和美国的发展》一文。1992年，中国社会科学出版社出版了我的《美国的崛起》一书，其中论及了外来移民对美国近代发展的重要贡献。1998年在上海举行的一次国际学术会议上，我提交了《中央太平洋铁路的建成与在美华工贡献》论文，这篇论文后来在《河北师范大学学报》1999年第2期全文发表。

之所以用"沉默的道钉"这个书名，是因为北美铁路华工作为铺路工，像不起眼的道钉一样，是为美国近代化铺路、打基础的。同时，这些铁路华工又是沉默的弱势群体，他们生存艰难、工作艰险，又饱受歧视和种种不公正待遇，是被遗忘的、没有话语权、没有引起重视的中国第一代大规模远涉重洋到达北美的农民工。这个群体本是值得我们特别关注的，但实际上社会上和学术界关注得还很不够。

今天，我们要让这些道钉不再沉默。近年，许多媒体开始关注北美铁路华工问题。人们很关注中国普通农民工当年是怎样走向美国和世界的，美国不同群体的人们最初又是怎样看待当年来到美国的中国农民工的；这些中国农民工是怎样逐步适应美国的生活和工作，为美国默默无闻地作奉献的，又是怎样逐步融入美国社会并保持华裔民族特色的。这对于今天中美两国的关系和人民的交往有着借鉴和启迪意义。北美铁路华工研究为我们找到了一个文化和历史发展的交汇点。

自2012年起，中美双方先后启动了华工建设北美铁路项目研究，美国方面由斯坦福大学牵头，中国方面有广东省侨办、各高校和侨乡参与并协调整合，而我只是一个已经退休多年的热心参与和推动的义工。2013年9月初，为推动中美协调研究，已在台北举行了国际圆桌研讨会；2014年9月，又在广州举行了北美华工与广东侨乡社会国际学术研讨会。

如今，距离《沉默的道钉：建设北美铁路的华工》一书初版已经十年，该书在实体书店和网上书店均已告罄，而学术研究者和社会各界许多人还希望购买此书。在台湾和香港及广东等地，我遇到不少学者向我求索此书。所以，无论从历史或现实、学术研究或文化交流的角度来看，五洲传播出版社对该书进行修订再版恰逢其时。

2006 年该书出版时，限于篇幅要求，仅从 1000 多幅图片中精选了 210 幅。现修订版酌情增加了 30 多幅，其中包括当年割舍的和此后新发现的一些很有价值的图片，以最大限度地满足研究者和广大读者的需求。如五邑华侨华人博物馆珍藏的咸丰六年（1856 年）华工为去美国谋生借款买船票的契约，同治元年（1862 年）华工去美国淘金筹款的《让贴》，光绪八年（1882 年）赴美华工黄华饶所持的大清国护照，周运中借钱买船票去美国的借据（1898 年）、护照（1900 年）和家谱等；又如江门市市级文物保护单位金牛山华侨义冢群、江门市新会区区级文物保护单位黄坑海槐华侨义冢群等；还如民间摄影家李炬 2012 年沿着华工当年建设中央太平洋铁路的足迹拍摄的一些珍贵照片等。

《沉默的道钉》修订版的面世，将有助于公众了解历史上的中美、中加人民交往，也是弘扬历史丰碑、振奋中华民族精神的需要。诚如习近平主席 2015 年 9 月下旬访美时所说：广大旅美侨胞顽强拼搏、艰苦创业，为美国发展繁荣作出了贡献，赢得了美国人民尊重。150 年前，数以万计的华工漂洋过海来到美国，参与建设美国太平洋铁路，铺就了通往美国西部的战略大通道，成为旅美侨胞奋斗、进取、奉献精神的丰碑。

这里还要特别提到的是，历史摄影家李炬先生曾四次考察华工建设的中央太平洋铁路沿线，他对本书中几处图片说明提出了修订意见。笔者尊重李炬先生根据实地考察得出的意见，这次修订过程中作了必要的修改。

黄安年

2006年版前言

19世纪60年代和80年代，横贯北美大陆的太平洋铁路在美国和加拿大先后建成，这在美国和加拿大历史上竖起了一座走向现代化、巩固国家统一、促进民族和谐的不朽丰碑。而这条铁路的建设，与一个半世纪前远涉重洋来到北美的华工先驱们的伟大功绩密不可分。正是这支不畏艰险、勤劳朴素、沉默奉献的生力军，为太平洋铁路的建成作出了不可磨灭的贡献。

1862年，正值美国内战的关键时刻，林肯总统作出了建设太平洋铁路的重大决策。137年前的1869年5月10日，是美国历史上具有划时代意义的时刻，第一条横贯北美大陆的中央太平洋铁路和联合太平洋铁路提前完工。经过连续七年协同努力、艰苦奋战，两支筑路大军，即从加利福尼亚州萨克拉门托向东修筑的中央太平洋铁路大军，和从内布拉斯加州奥马哈向西延伸的联合太平洋铁路大军，在犹他准州（注：犹他正式设州是在1896年）奥格登地区的普罗蒙特里丘陵处接轨，其中西段承担最艰巨任务的主力正是特别能吃苦和具有聪明才智的华工。这一壮举宣告了美国大陆在经济运行上开始连成一片，标志着美国经济进入狂飙发展时期，并推动美国成为联结太平洋和大西洋的经济大国，同时也表明，最初的中国移民潮对美国经济的发展，尤其是加利福尼亚等西部地区的崛起，作出了杰出贡献。

1871年，成立不久的加拿大联邦政府决定修建一条像美国那样贯穿东西海岸的太平洋铁路。几经周折，铁路于1880年4月破土动工，但是进展缓慢。1881—1885年，数以万计的中国工人发扬艰苦奋斗精神，仅凭铁锤、钢钎等简陋工具，穿过不列颠哥伦比亚省难以逾越的山脉，终于在1885年11月7日在克莱拉奇地区打下最后一口道钉。贯通加拿大全境的太平洋铁路竣工，为加拿大的国家统一和国民经济的发展，同样作出了无可替代的贡献。

中国劳工在建设横贯北美的太平洋铁路的过程中付出了巨大的牺牲。这些无名的筑路英雄，就像无数沉默的道钉那样，铺就了两条平行的太平洋铁路。大量华工从事高强度、高风险劳动，其中许多人因疾病、高寒、超强度劳累，以及塌方、雪崩、坠岩等工程事故而殒身异乡。在美国，他们不仅酬金极其微薄，而且还遭受种族歧视和排华浪潮等不公正待遇。尽管如此，这些铁路先驱们忍辱负重、不屈不挠，用自己的血汗书写可歌可泣的历史篇章。

1877年美国国会两院调查中国人入境问题联合特别委员会提出的报告书，就是当年美国排华和中国华工贡献于美国西部开发的历史见证，表明没有华工的参与，中央太平洋铁路要按期修建成功是不可能的；华工承担了美国太平洋铁路工程中最为艰巨的任务，付出了极大的牺牲；华工在众多劳工中最为勤劳苦干，最为出色，是廉价劳动力的最好来源；美国政府和铁路部门给予华工的待遇和白人劳工相比是不公正的。按照美国自由民主的立国精神、美利坚民族的传统精神、自由移民的国家政策、自由市场经济运行的公平竞争规则以及《独立宣言》所倡导的人权价值观，华工应当得到公正的待遇和客观的评价；作为迈向现代化、建设北美家园、与各族移民和谐相处的楷模，华工是当之无愧的。

华工对于美国和加拿大西部开发的贡献，并不仅限于建设北美大陆铁路。他们积极投身于北美社会的各行各业，顽强不息、奋发图强，用勤劳的双手和智慧的头脑开创出自己的一片天空。在美国西部加利福尼亚、内华达、亚利桑那、科罗拉多、爱达荷、犹他、新墨西哥等地和加拿大不列颠哥伦比亚等西部地区，华工开发金矿和其他有色金属；他们参加加州等其他路段铁路的修建，疏通河道、修筑堤坝、排涝改造低洼地、变沼泽地为农垦地；他们种植谷类、菜蔬等农作物，栽培葡萄、苹果、核桃、樱桃、橙子等果树，使加利福尼亚成为果木园；此外，他们在毛纺、烟草、服装、洗衣、餐饮、捕鱼等行业中也发挥了独特的作用。早期赴加拿大的华工也不例外，他们克勤克俭，艰难求生。华工在第一次北美移民潮中，无论是开矿、修路，还是务农，都是名副其实的促进西部发展的生力军和推动东西文化交往的纽带。

然而，不幸的事情随之发生，美国加州等地掀起了排华浪潮，华工的廉价劳力居然成了排华的主要依据。1882 年美国国会正式通过了《排华法案》，这是美国历史上唯一针对一个国家人民的排斥法律，从而成了美国经济和社会发展史、移民史、政治史和人权纪录史上最可悲的记录之一。在加拿大，随着太平洋铁路的顺利通车，政府也在 1885 年出台了规定对华人入境加征“人头税”的歧视性法案；1923 年又通过了禁止华人入境的《排华法案》，排华浪潮席卷加拿大。在风云变幻、黑云压城的极其恶劣环境下，美国和加拿大华人华侨在其后半个多世纪的北美社会中，忍辱负重、艰难生活，努力和美国、加拿大主流社会相适应，渡过难关，继续奉献美国、加拿大的多元文化社会。

“前事不忘，后事之师”，汲取历史教训，才能共同面向未来。华工建设北美太平洋铁路的历史表明：美国和加拿大作为经济大国的崛起和发展，包含着华人华侨开发和建设北美的一份贡献，仅仅认为美加的发展是美加白人及其后裔努力的结果是不符合历史实际的。移民政策是美加经济持续发展的生命线，华工开发美国西部和加拿大所作出的里程碑式贡献是功不可没的，然而某些私利集团在国会通过了历史上对一个国家居民的排斥法令，违背了对于自由、民主、人权的承诺。美加人民要求公正地对待中国移民，有远见的政治家开始重新审视对华移民政策。1905 年底，西奥多·罗斯福总统第五个年度国情咨文中承认，“排除华人移民歧视政策”造成了“严重后果”，“我们国家过去对中国非常不公平，而且已经做了错事”。第二次世界大战期间，美中结盟对法西斯国家作战，在美国陆军服役的华人超过1.3万人，占美国华人总数的17%，是美国各族裔参军人数百分比最高的族裔之一。加拿大的许多华人也在二战期间应征入伍，被派往欧亚各个战场出色服务。世界反法西斯战争加深了华人华侨和美加人民的情谊，也促成美加政府先后废除了排华法令，给华人华侨以公正的待遇。1943年10月11日，在世界反法西斯战争的关键时刻，富兰克林·罗斯福总统要求美国国会正式通过立法，废除一系列排华法令。他说："我们要有足够的勇气承认过去的错误，并加以改正。""采取这种早就应采取的措施，纠正过去对我们朋友不公正的行为。"1943年12月17日，美国国会迅速通过排华法案废除案并由总统签署。加拿大政府也开始纠正排华的错误，1947年6月17日由国会废除《排华法案》。2006年6月22日，加拿大政府就带有种族歧视色彩的"人头税"政策向全加华人正式道歉。

排华在美中、加中友好交往史上是一幕令人很不愉快的插曲。雨过天晴之后，北美华人华侨开始了在美国和加拿大的新生活，迄今数以百万计来自中国大陆、台湾和港澳地区、东南亚以及世界其他地区的华人华侨积极参与美国和加拿大的多元文化社会。美国、加拿大华人华侨的社会生活、结构和地位发生了巨大的变化。近几十年来，美国和加拿大华人华侨数量大增，在美国，2002年时便已达到250万，其中70%以上为第一代移民。在加拿大，2005年时华人移民已经成为第一大少数民族。今天，传统的唐人街已不再是华人华侨的主要聚居地，而是新移民甫抵新大陆的落脚点和中转站。在美国约300万华人华侨中，拥有大专以上学历者目前已占三分之一强，具有高学历者的比例已经超过了其他族裔。越来越多的年轻华人进入北美主流社会的科研教育界工作，在工商企业界创办公司也渐成气候，并涌现出一大批闻名于世的杰出代表。华人在认同和努力融入美加主流文化的同时，还保持着中国传统文化中发奋图强、坚韧不拔的精神，追求“人人相亲，人人平等，天下为公”的理想，不仅“叶落归根”而且“落地生根”，为丰富多彩的北美多元文化生活奉献自己的力量，为东西方各种文明不断交流、融合、创新，为建设北美社会作出了自己的独特贡献，促进了美中、加中文化交流和关系的和睦发展，也推动了祖国的改革开放和统一事业的发展。

随着时代的前进，那些“沉默的道钉”——建设北美铁路的无名华工，已经得到了越来越客观公正的评价。美国和加拿大领导人曾多次赞扬华人建设美国和加拿大的历史贡献。中国领导人也一再给予建设北美铁路的华工以充分评价。中国前国家主席江泽民曾说：“中国移民早就来到美国，并为开发西部作出了巨大的贡献。”中国国家主席胡锦涛说：“19世纪中叶，数以万计的中国工人和美国人民一起，逢山开路，遇水架桥，共同铺设了横贯美国东西的铁路大动脉。”中国国务院总理温家宝说：“中国数以万计的华工参加了美国横贯东西部大铁路的修建工作……无数人为这个工程献出了生命。”许多历史学家和社会活动家也高度赞扬华工建设北美太平洋铁路的功绩。这段历史愈加清晰地呈现在世人面前。美加许多城市和社区都为沉默的道钉立碑，纪念这些籍籍无名的华工开路先锋的丰功伟绩。1991年，美国伊利诺伊州政府向中国上海捐赠了一座用3000枚道钉塑造的纪念塔，以表彰建设铁路的华工的功绩。碑文写着：“中国建路工人所作的贡献是连接美国东西部海岸并促成其国家统一的一个极重要的因素。” 也许这碑文能告慰那些曾献身于太平洋铁路的“沉默的道钉”。

跨入新世纪，在经济全球化和文化多元化的今天，面向欣欣向荣的浩瀚太平洋，世界上最大的超级大国——美国、人均国土面积世界第一大国——加拿大、最大的发展中国家——中国，应当共同珍惜和继续发展这来之不易的中美和中加人民间的友好关系，这是所有热爱和平的人们的共同期望。100 多年前，中国的劳工在极端困难的条件下，越过重洋，构建中美、中加人民友谊的桥梁；在当代世界，太平洋理应成为联系中美、中加人民和政府间友好合作、和谐发展的更加坚实的纽带。

本画册依据许多珍贵的历史图片和较为翔实的文字资料，反映了 19 世纪中晚期数万华工漂泊海外的坎坷经历，展现了 100 多年前在北美建设铁路的华工从生存挣扎到立足生根，为当地文明的发展所作出的巨大贡献。希望画册的出版能有助于人们了解、认识北美华人华侨参与建设北美社会的历史，有助于促进中国与美国、加拿大人民之间的传统友谊和友好交往，有助于北美移民社会和多元文化和谐家园的建设。

本画册图片包括历史老照片、当年报刊漫画，以及必要的历史地图、铁路建设图、历史文献等，希冀图文并茂，寓叙事于图片。为适应不同读者对象的需求，画册的前言、引言及附录力图兼顾可读性、知识性、资料性。限于篇幅，在编辑出版时我们不得已舍去了反映第二次世界大战以来美加华人生活巨变的大量珍贵图片资料。

北京师范大学历史学院教授　黄安年

写于 2006 年 5 月 10 日美国中央太平洋铁路全线贯通 137 周年之际

壹

远涉太平洋
金山寻梦

19世纪中叶，美国是一个欣欣向荣、充满活力的发展中新型国家。中国近代启蒙学者徐继畬（1795—1873）当时在其著作《瀛环志略》中曾大力赞扬新兴美国精神。19世纪40年代美国的西进运动快速推进，1846—1848年美墨战争后，美国领土已经扩张到了太平洋沿岸。1848年加利福尼亚萨克拉门托附近地区发现了金矿，“淘金热”随之而来。其后不久开始了太平洋铁路的兴建，大批淘金者和劳动力从四面八方涌入加州。美国内战和内战结束后工业化的迅猛发展，使得廉价劳动力的需求更加迫切。中国因鸦片战争的结果招致民族屈辱、社会动荡不安，处于社会最底层的农民更加苦不堪言。美国招募华工的商人们编织的“金山梦”，对他们有着巨大吸引力。中国南方的许多贫苦农民，以契约苦力的身份，乘坐“三桅大眼船”，在波涛汹涌的太平洋上漂流两三个月，与饥饿、缺水、污浊的空气和疾病甚至死亡相伴，经受人生极限的煎熬，来到美国遥远西部的加利福尼亚旧金山地区寻找“金山梦”。

19世纪五六十年代加利福尼亚的中国人究竟有多少，历史学家说法不一。但他们是最早到来的一批亚洲人，占加州人口相当大的比例，对此人们并无异议。在早期赴美的华人中，既有被招募的华工，也有被拐骗的“猪仔”（粤语，指迫于生计签订卖身契约远渡重洋做苦力的劳工，其境遇犹如卖出待人宰杀的猪仔，故称。——编者注），还包括一部分商人、工匠、仆役、农民和渔民等。他们大多数来自广东省珠江三角洲的台山、新会、开平、恩平等地，主要是男子，抵达美国后首先落脚在西海岸的旧金山（三藩市）和北加州其他城镇，这些华工成了中国第一波移民潮涌入美国的先驱。在旧金山和萨克拉门托，由于与当地人语言和生活习俗的不同，华人往往集聚在一起，逐渐形成了美国历史上最早的唐人街。他们在美国从事开矿、筑路、烟草、制鞋、呢绒、服装、纺纱、垦荒、兴修水利、葡萄种植、捕鱼、零售、餐饮等行业，为美国西部，特别是新兴的加州建设作出了巨大的贡献。据加利福尼亚州劳工局长估计，在加州从事园艺劳动的华工1866年达3万人，占加州园艺工人总数的87.5%。在萨克拉门托，华人农业工人占农业劳动力的86%。美国一些官员证实:“没有华工，就没有美国西部的垦殖”，“是华人教会了美国人如何栽种、培育、收获果园和庭园里的作物。”“华工使荒地变成良田，使整个加州变成一座花园、一个果木园。”“如果没有华工的辛勤劳动，加州的开拓和发展要推迟几十年。”华工成为加利福尼亚烟草、呢绒、纺纱、制鞋等工业部门的骨干劳力。据统计，1872 年，加利福尼亚工厂中 50% 是华人。一些美国有识之士评论说：“没有华人劳工，加利福尼亚的制造业一天都不能存在下去。”1850—1870 年，加州税收的一半直接取自中国劳工的血汗钱。“在矿区、农场、工厂以及加利福尼亚的劳工中，雇用华人是最理想的。华人做的大部分工作，如果用要求很高的白人工人来做，那将不能持续下去。”当时清政府两广总督张之洞(1837—1909)在 1886 年上书清廷时说：“金山各埠，始则利华工之工勤价省，多方招徕开矿修路之工，美商藉华工以获利者，不知几千亿万。”学者梁启超（1873—1929）在《新大陆游记》中也称加州的繁荣“实吾国人民血汗所造出之世界也”。这些足以表明华工对于美国经济的发展作出了重大贡献。

然而，华工在加州的生活相当地艰苦。即使在白人已经开挖遗弃的矿坑里淘“金”，同样要缴纳采矿税。矿工们居住的“中国营”住房简陋，环境恶劣，卫生条件很差。除了采矿、筑路和务农以外，裁缝洗衣业、中餐馆业和理发业为代表的“三把刀”(剪刀、菜刀、理发刀)式经济加上杂货业，是 19 世纪中后期旅居海外的中国人重要的谋生手段。这些行业工作时间长，劳动繁重、单调乏味，收入低微。华工来美国金山寻梦期间，正值美国内战，少数长期生活在美国的华人也参加了联邦军队反对南部奴隶主分裂国家的战争。

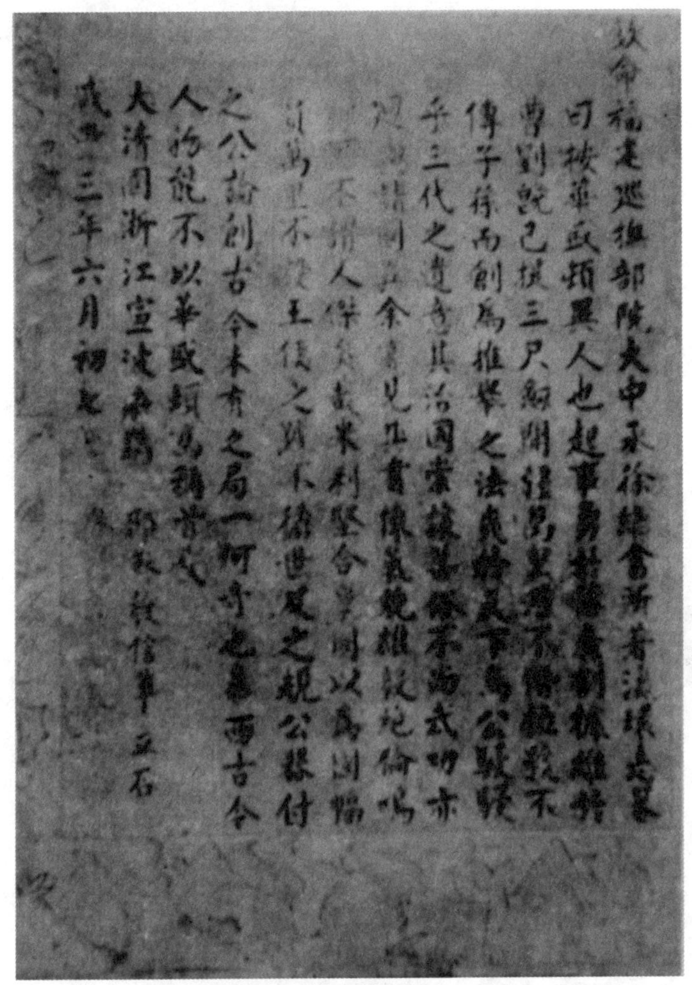

欽命福建巡撫部院大中丞徐繼畬所著瀛環志畧
曰按華盛頓異人也起事勇於勝廣割據雄於
曹劉既已提三尺劍開疆萬里乃不僭位號不
傳子孫而創為推舉之法幾於天下為公駸駸
乎三代之遺意其治國崇讓善俗不尚武功亦
迥與諸國異余嘗見其畫像氣貌雄毅絕倫嗚
呼可不謂人傑矣哉米利堅合衆國以為國幅
員萬里不設王侯之號不循世及之規公器付
之公論創古今未有之局一何奇也泰西古今
人物能不以華盛頓為稱首哉
大清國浙江寧波府鐫　耶穌教信輩立石
咸豐三年六月初七日

2

3

美国华盛顿纪念塔内镶嵌着一块 1853 年中国清代浙江宁波府向美国赠送的花岗岩石碑。[1] 这块汉字石碑高 1.6 米、宽 1.2 米，碑石周边刻有僧侣、游龙、武士和精美的花纹，碑文书法工整挺秀。上面刻有曾任福建巡抚的徐继畬在《瀛环志略》中肯定美国独立战争和称赞华盛顿的文字。[2] 镶嵌在塔内第十级内壁上的这块石碑，是中美早期友好关系的里程碑，反映了当时先进的中国人赞扬和学习新兴美国精神的心声。1998 年 6 月 29 日，美国总统克林顿在北京大学的讲演中提到了这块汉字碑，称它是“150 年前美中两国沟通交往的见证”。[3]

4

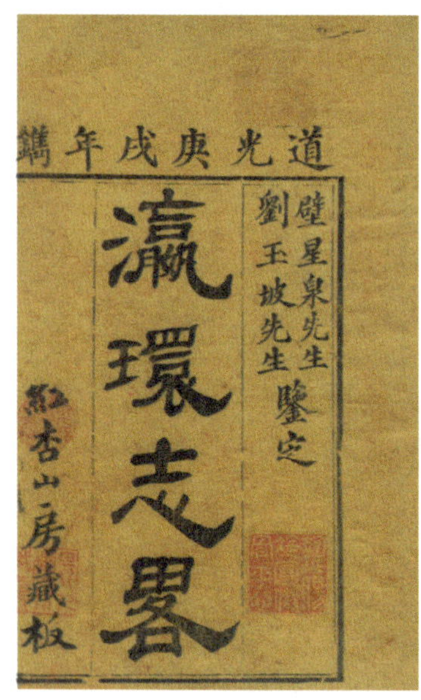

道光庚戌年鐫

壁星泉先生
劉玉坡先生 鑒定

瀛環志畧

紅杏山房藏板

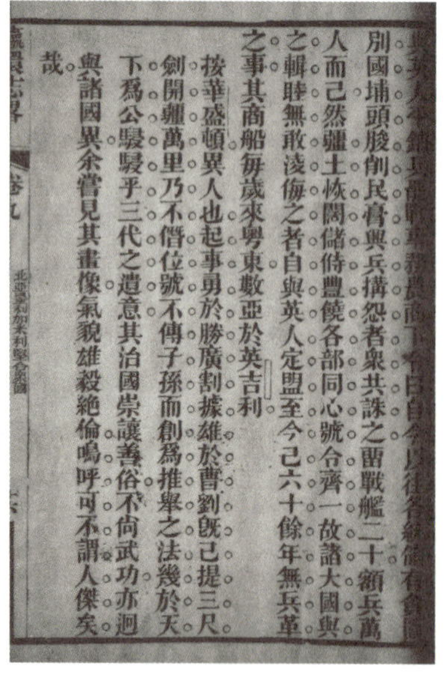

別國埔頭朘削民膏興兵搆怨者衆共誅之留戰艦二十額兵萬人而已然疆土恢闊儲偫豐饒各部同心號令齊一故諸大國與之輯睦無敢凌侮之者自與英人定盟至今已六十餘年無兵革之事其商船每歲來粵東數亞於英吉利

按華盛頓異人也起事勇於勝廣割據雄於曹劉既已提三尺劍開疆萬里乃不僭位號不傳子孫而創爲推舉之法幾於天下爲公駸駸乎三代之遺意其治國崇讓善俗不尚武功亦迥與諸國異余嘗見其畫像氣貌雄毅絕倫嗚呼可不謂人傑矣哉

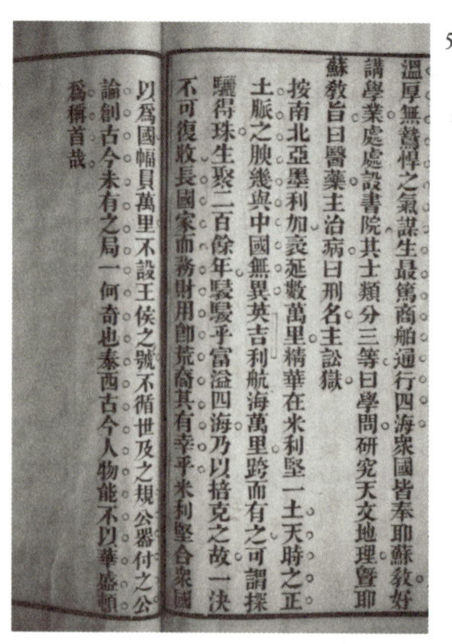

溫厚無囂悍之氣謀生最篤商船通行四海衆國皆奉耶穌教好講學業處處設書院其士類分三等曰學問研究天文地理暨耶蘇教旨曰醫藥主治病曰刑名主訟獄

按南北亞墨利加袤延數萬里精華在米利堅一土天時之正土脈之腴幾與中國無異英吉利航海萬里跨而有之可謂探驪得珠生聚二百餘年駸駸乎富溢四海乃以掊克之故一決不可復收長國家而務財用即荒裔其有幸乎米利堅合衆國以爲國幅員萬里不設王侯之號不循世及之規公器付之公論創古今未有之局一何奇也泰西古今人物能不以華盛頓爲稱首哉

5

中国近代启蒙学者、开创中美友好关系的先驱徐继畲（1795—1873），山西五台人，曾任同文馆大臣。他所著的十卷本《瀛环志略》系他在福建巡抚任上收录中外有关图书资料编辑而成，为中国近代较早介绍世界各国历史、地理概况的专著。1867 年秋，美国驻华公使蒲安臣代表美国政府向徐继畲赠送了华盛顿画像。徐继畲在答词中称“因思贵国中华盛顿首建奇勋，创为世法，以成继往开来之功，其必传于世无疑也”。1997 年 5 月 15 日，在美国麻省大学教授、著名史学家龙夫威（Fred Drake）的倡议下，在美国华盛顿纪念塔前南草坪举行了《瀛环志略》问世 150 周年纪念仪式，以纪念开创中美友好关系的先驱徐继畲。

6

7

8

19 世纪中叶中国苦力乘帆船越过太平洋寻找金山梦。最早成批地来到美国加州的亚裔是来开采金矿的中国人，这些早期中国苦力大都来自广东省。他们乘坐的“三桅大眼船”到达旧金山之前，在波涛汹涌的太平洋上要漂流两三个月（在 10 月至 3 月间需要 100 多天，在 4 月至 9 月间也需要 75 天左右）。[4] 他们被安置在暗无天日的船舱里，人靠人地一排排紧紧码在船舱底下，手脚也难以平放。船上大多无任何医药设备，缺少淡水，人们与饥饿、疾病、污浊的空气相伴，死亡率极高。这些立有契约的劳工与当年已经被明令禁止贩卖的黑奴事实上没有太大区别。他们签订了带有某些卖身条件的契约，来到美国，被人称为“猪仔”。

约1851年的旧金山港一角。旧金山位于加州海岸一个狭长半岛的尖端，美墨战争中归属美国，1847年改名为“圣弗朗西斯科”。1848年加州发现黄金，淘金者通过旧金山涌向淘金地，旧金山渔港人口在短短三个月内由300人激增至2.5万人。来自广东的大批中国契约劳工乘船到此并向加州其他地区扩散，此地成为华人最早积聚的城市，被称为“金山”。后来为了有别于新发现的澳大利亚墨尔本金矿，遂改称“旧金山”，华人根据英文谐音又叫它“三藩市”。当时旧金山在美国对外贸易额中仅次于纽约、波士顿和新奥尔良。 9

10

19 世纪中叶中国移民乘船到达旧金山海港，等待海关入境检查。19 世纪中国人移民美国主要集中于西部由旧金山入境。初期，其中绝大部分人是为“淘金”而来，后期则主要是从事筑路。据旧金山海关记录，1861 年新到达美国的有 8434 人，回国的有 3594 人。1869 年，入境的华人有 14990 名。华人一到加利福尼亚，随即为这里的淘金者建造了住所和家宅。大多数华人只是短期打工，暂居美国，攒够一些积蓄便返回中国，又有新的青壮年男性华工接替。有学者认为：“没有中国人的帮助，这些淘金者很难在加利福尼亚生活下去。”

11

12

19 世纪五六十年代来加州“淘金”的华工。根据美国官方的移民记录，1820—1850 年间中国移民只有 46 人。1848 年美国加州萨克拉门托附近发现金矿，这一消息随着旧金山《加利福尼亚人报》、纽约《先驱报》的刊载报道，很快便传遍了全世界。1849 年，原先只有 1.4 万人的加州一下子就涌进了 10 万人，“淘金热”由此开始。广东有成千上万年轻劳力乘坐帆船来到金山（Gum Shan 或 Gold Mountain）。1858 年 1 月 1 日至 6 月 30 日半年中，由香港开往旧金山的船只共 15 条，合载成年男子 4634 人、成年女子 186 人。1854 年 3 月 20 日，美国驻华使馆官员麦莲自香港致美国国务卿马西的信件中说：“从中国经香港去加利福尼亚的移民有增无已。……这个数字不下一万名，而且今年年内还将大大增加。”有人统计，19 世纪 70 年代加州华人有 15 万人，到 1882 年赴美华工累计 30 万左右，其中绝大多数是来自广东农村的单身汉。根据美国学者柯立芝所著《中国移民》一书的统计，在加利福尼亚的中国人，1852 年为 2.5 万人，1857 年为 4.5 万人，1867 年为 5 万人，1873 年为 6.25 万人。[5]

19 世纪 50 年代后期，在美国加州的淘金华工向加拿大的卡里布地区发展，1863 年这里的华工约 13
有 4000 人。1858 年，加拿大的弗雷泽河与汤普森河沿岸发现黄金的消息传到加利福尼亚，许多华工从旧金山来到加拿大不列颠哥伦比亚省首府维多利亚，再从这里前往采矿区。他们成为中国人移民加拿大的先驱。这一年，旧金山一家公司支付 3500 美元签约运送 300 名华工来到维多利亚，额外的华工每人另支付 20 美元。在高峰期约有 5000 华工生活在加拿大的巴克维尔地区。

14

1852 年，华工和白人一起在加州萨克拉门托附近的奥本山沟淘金。1848 年 12 月，詹姆斯·波尔克总统向国会通报："加州发现大量金矿的报道非同寻常，实在令人难以置信。"据统计，1849—1857 年，10 万淘金者的淘金产值在 10 亿美元以上。1848—1883 年，加利福尼亚开采了价值 12 亿美元的黄金，相当于美国同期黄金总产量的 2/3。华人和来自世界各地的工人一起为开采黄金作出了贡献。

15

自 1848 年加州萨克拉门托地区发现金矿到 19 世纪 90 年代，开采金银矿的浪潮持续了近半个世纪，除 1849 年加利福尼亚的"淘金热"之外，50 年代在科罗拉多、内华达发现金矿，70 年代又在爱达荷、蒙大拿和达科他发现了金矿；此外在亚利桑那、新墨西哥、蒙大拿还发现了银矿，在科罗拉多、爱达荷发现了铅矿。在这些采矿地都有华人的足迹。华工还在内华达、俄勒冈、爱达荷、蒙大拿、华盛顿等州"挖金"，并开采铁、铜、水银、朱砂、煤炭、硼砂等矿产。

16

在矿场工地一起干活的除了华工，还有来自世界各地的工人。华工埋头苦干，努力工作，受到好评，和各国工人友好相处。公司领班的往往是白人。

17

华工在加利福尼亚的矿山冶炼矿石，不仅条件十分艰苦，而且还必须缴纳采矿税。1850 年，加利福尼亚州议会通过了《外籍矿工执照税法》，规定每个中国矿工每月须缴纳 20 美元的“营业执照税费”。1880 年加州华人中还有 1/5 在矿山工作。

华工在淘金现场。 18

19

20

21

华工在加州的简陋住地。加州的华工不管是开矿还是筑路，大都长期生活在荒山僻野之中，风餐露宿，从早到晚，日复一日，年复一年。其居住环境十分恶劣，卫生条件和营养都很差，平时多用咸鱼、咸菜、咸虾酱下饭。在淘金队伍中，他们往往结队而行，在河堤上支起营幕居住，通常被称为“中国营”。

22

1852 年加利福尼亚人口统计第 194 页显示，有 18 名中国工人在斯特罗布里奇皮彻农场工作。

23

24

25

华工利用在国内家乡的农田水利建设经验，在加州从事农田开垦。在萨克拉门托河和亚美利加河流域三角洲地区的大片涝洼地上开垦出了1800万亩良田，使之适合种植小麦、玉米、亚麻、大麦、蔬菜、棉花和亚热带水果。这片良田是在没有任何现代农业机械帮助的情况下、靠双手开出的。开垦前，这里的土地价值为每英亩1—3美元，之后猛涨到100—200美元，成为当时世界上最大的小麦农场，被称为“北欧的面包篮”。潮田开垦公司总经理罗伯茨1876年在国会作证时说：“中国人在农业上所创造的全部财富，等于我们矿产的总值。仅筑铁路和改良涝洼地，华工就为美国创造了2.897亿美元的财富。”美国学者研究认为，是华人教会了美国人如何栽种、培育、收获果园和庭园里的作物。没有华工的辛勤劳作，就没有加州农业的最初发展。加州葡萄园闻名于世，是和华工的辛勤劳动分不开的。1872年加利福尼亚生产的草莓，占当时美国总产量的2/3，也是得益于华人的经营。

约 1850 年时的加州萨克拉门托。19 世纪 50 年代来加州“淘金”和 60 年代修建太平洋铁路的华工绝大多数在萨克拉门托和旧金山地区居住，由于语言不通，只能与周围的中国人在一起交流，逐渐形成了中国人相对集中的社区——唐人街。萨克拉门托位于加利福尼亚州中部、萨克拉门托河下游，西南距旧金山 137 公里。1848 年其东北 56 公里处发现金矿，萨克拉门托于是成为淘金者的物资供应中心。1854 年，萨克拉门托成为州府。 26

27

华工在美国从事服装加工、洗衣者占有相当比重。梁启超在《新大陆游记》中曾记述："洗衣业，实在美华人最重要之职业也。"洗衣业工作时间长、劳动繁重、单调重复、孤单乏味、收入低微，每天工作十几个小时。有这样一首歌谣诉说华人从事"八磅生涯"的艰辛："一把熨斗八磅重，十二小时手不闲。一周干满七天活，挣了一点血汗钱。拣到洗，熨到叠，为了一碗活命饭，辛苦劳累在'金山'。"加利福尼亚的服装业，1870年的产值为2.7万美元，1880年增加到360万美元。图为华工正在从事服装加工。

28

华工在加州捕鱼。

29

在“淘金热”时代，加利福尼亚的中国菜农为矿区提供了大批新鲜的蔬菜。

30

华工在加州从事餐饮业。开餐馆是当年华人最普遍的职业之一。经营者起早贪黑，尝遍辛劳却收入低微。

31

32

33

34

许多中国移民在加利福尼亚一些美国人家庭帮佣。

傳教習教之人當一體保護不可欺侮等語現在議定是
美國人在中國不得因美國人民異教稍有欺侮淩虐嗣
後中國人在美國亦不得因中國人民異教稍有屈抑苛
待以昭公允至兩國人之墳墓均當一體鄭重保護不得
傷毀

第五條

大清國與大美國切念民人前往各國或願常住入籍或隨時
來往總聽其自便不得禁阻為是現在兩國人民互相來
往或游歷或貿易或久居得以自由方有利益除兩國人
民自願來往居住之外別有招致之法均非所准是以兩
國許定條例除彼此自願往來外如有美國及中國人將
中國人勉強帶往美國或運於別國若中國及美國人將
美國人勉強帶往中國或運於別國均照例治罪

第六條

美國人民前往中國或經歷各處或常行居住中國總須
按照相待最優之國所得經歷常住之利益俾美國人一
體均沾中國人至美國或經歷各處或常行居住美國亦
必按照相待最優之國所得經歷與常住之利益俾中國
人一體均沾惟美國人在中國者不得因有此條即時作
為中國人民中國人在美國者亦不得因有此條即時作

35

籌辦夷務始末　同治朝　卷三之四

36

1868 年 7 月 22 日，美国驻华公使蒲安臣代表清政府在华盛顿与美国政府签订了《中美续增条约》。该条约的第五条规定："大清国与大美国切念民人，前往各国，或愿常住入籍，或随时来往，总听其自便，不得禁阻为是。现在两国人民互相来往，或游历，或贸易，或久居，得以自由，方有利益。" 第六条规定："中国人至美国，或经历各处，或常行居住，美国亦必按照相待最优之国所得经历与常住之利益，俾中国人一体均沾。"[6] 这一规定适应了美国对华工日益增长的需要，为中美两国人民的平等交往提供了法律依据，推动了大批华工去美国修筑铁路和开发西部。由于这一条约的签订，前往美国的华侨人数激增，据统计，1868 年为 5157 人；1869 年为 12874 人；1870 年为 15825 人；1868—1870 年总计 33856 人。

37

立領銀數人黃官奕為因往金山獲利盤費不敷船
求西龍社鄉老黃玉泓鄧振彩值理黃會祥 連德 關瑞桂等情
愿揭船位本銀壹拾捌兩正言定以限年為期本息清
還每兩要計息銀壹兩五錢正如至期無銀還仍要每兩
每年又加息銀壹兩算若不足數交納按月折計退本
退利所有付金回家務要先交與西龍社值理驗明收兌
即照時價找換該社上照數收足除清本利餘銀雖有千
金以社無涉倘有路上未回及在金山逗有不測各安天
命或係別圖生意支消無銀歸款係伊父子家人填還
抵足毋得異言今欲有憑立明領銀數壹紙交西龍
社值理收執為記
一實發到本銀壹拾捌兩正
合家擔保父黃元盛
日立領銀數人黃官奕
咸豐六年五月十二

咸丰六年（1856 年）华工黄官奕为去美国谋生借款银 18 两买船票的契约，合家担保人为黄官奕的父亲黄元盛。江门五邑华侨华人博物馆藏。

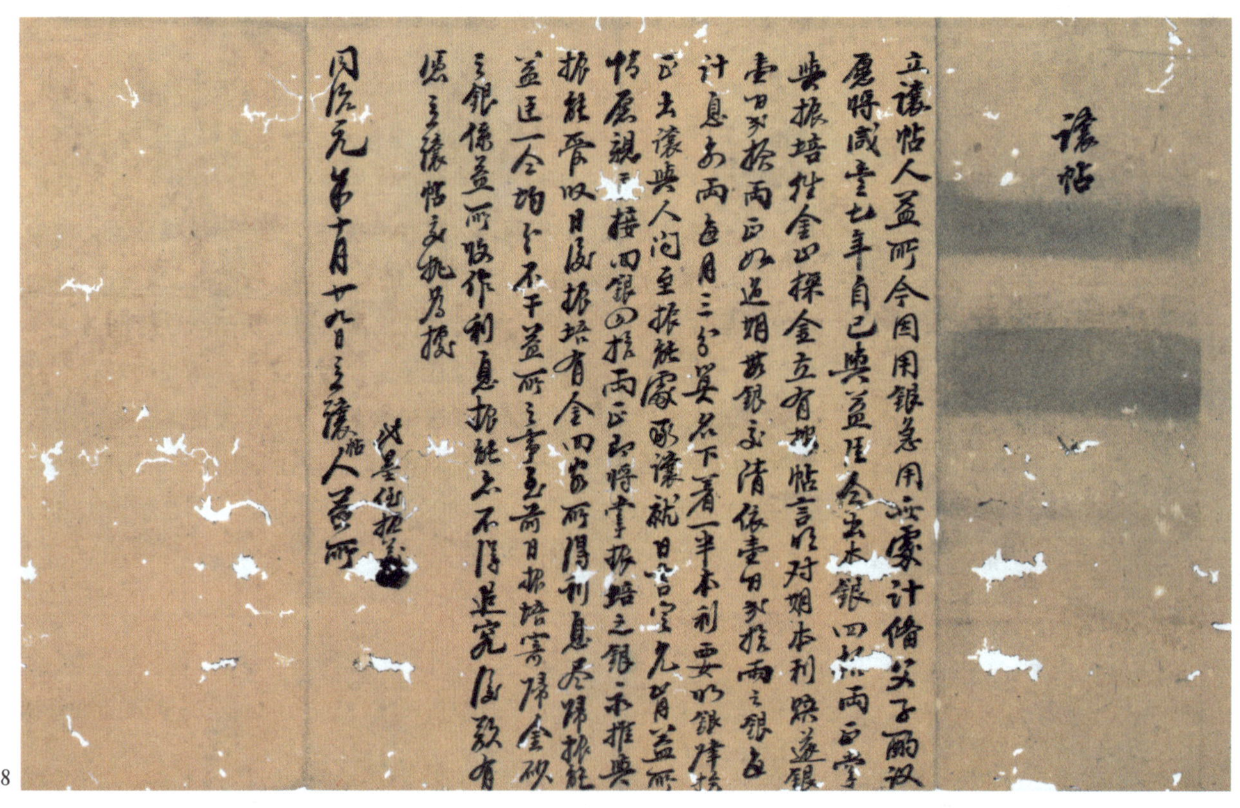

38

同治元年（1862 年）华工去美国淘金筹款的《让贴》。江门五邑华侨华人博物馆藏。

衆無處容身二也甎鐵本重租貴主客兩受其害三也曬棚謬謂惹火別處樓
棚更多四也任意拏人罰銀被擾至數百間五也洋館木樓曬棚何以不用此
律六也所謂七難者一爲欲守業之難二爲欲拒匪之難三爲求保護之難四
爲居散埠之難五爲居大埠之難六爲業工者之難七爲業商者之難等語又
言金山各埠始則利華民之工勤價省多方招徠開礦修路諸工美商藉華工
以獲利者不知其幾千億萬乃因埃利士黨人嫉妬把持合謀驅逐殘毒焚掠
以奪其資財勒逼行主辭用華工以斷其生路華工既無生計華商亦遂賠折
窮蹙留不能留歸不能歸保護亦無從保護情形實爲危慘假如將此十餘萬
華民盡行驅歸中國沿海各省何處容之既屬可閔亦多隱憂此外南洋諸埠
設皆踵事效尤何堪設想美與中國雖無嫌隙但此事係由美境土人專利而
起其視華工究不免稍分畛域且美國官員近亦多有埃利士黨人在內多設
苛政實有此情應請敕催美國嚴懲速辦初沙面燒洋房十四間償欵至鉅至
是出使美國大臣鄭藻如電張之洞請查案援例之洞以金山殺掠重情過之

清史稿　邦交志四　八

39

40

清政府两广总督张之洞于 1886 年上书朝廷说："金山各埠，始则利华工之工勤价省，多方招徕开矿修路之工，美商藉华工以获利者，不知几千亿万。"表明金山华工有利于美国经济的发展。[7]

41

艾萨卡·华莱士·贝克在“淘金热”时的加利福尼亚矿区为中国工人拍摄的一张照片:“中国男子(Chinese Man)”。这是用所谓“达盖尔银版法”拍摄的。照片被镶在金色的金属框中，外面又套着一个压花的丝绒盒子。这位“中国男子”的姓名和籍贯无人知晓，他的姿势像个“中”字，面容饱经风霜，挺直腰板，把辫子拉到胸前，手中从容持握辫子的尾端，身穿的白布褂展示了典型的中国服装。

42
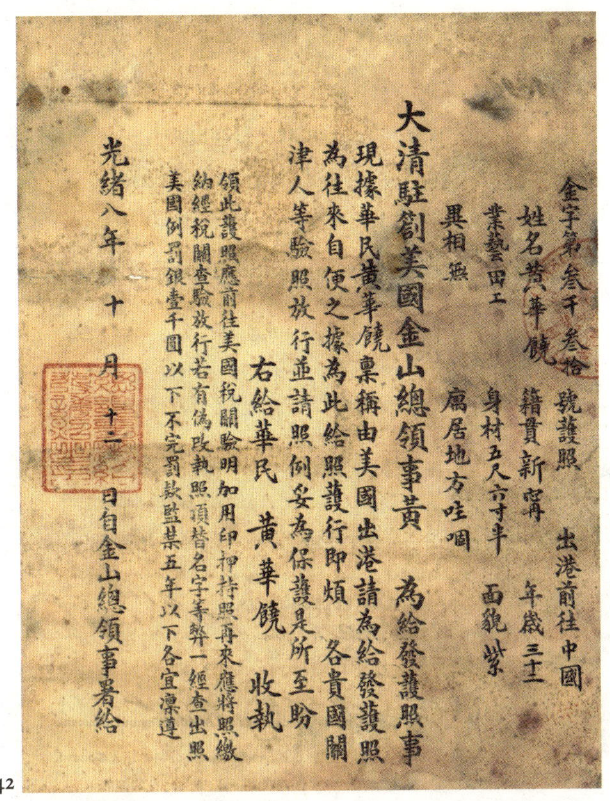
金字第叁千叁拾　號護照　出港前往中國
姓名黃華饒　籍貫新寧　年歲三十二
業藝田工　身材五尺六寸半　面貌紫
異相無　廟居地方唑咽
大清駐劄美國金山總領事黃　為給發護照事
現據華民黃華饒稟稱由美國出港請為給發護照
為往來自便之據為此給照護行即煩　各貴國關
津人等驗照放行並請照例妥為保護是所至盼
右給華民　黃華饒　收執
領此護照應前往美國稅關驗明加用印押持照再來應將照繳
納經稅關查驗放行若有偽改執照頂替名字等弊一經查出照
美國例罰銀壹千圓以下不完罰款監禁五年以下各宜凜遵
光緒八年　十　月　十二　日自金山總領事署給

光绪八年（1882 年）10 月 12 日大清驻美国金山总领事署签发给华工黄华饶的护照。江门五邑华侨华人博物馆藏。

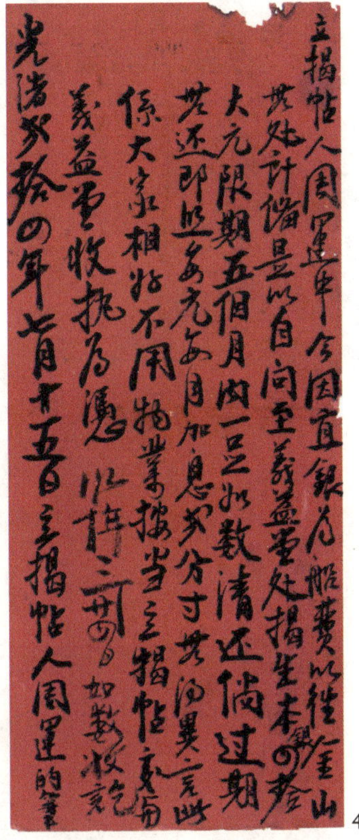
44

周运中借钱买船票去美国的借据（1898 年）。江门五邑华侨华人博物馆藏。

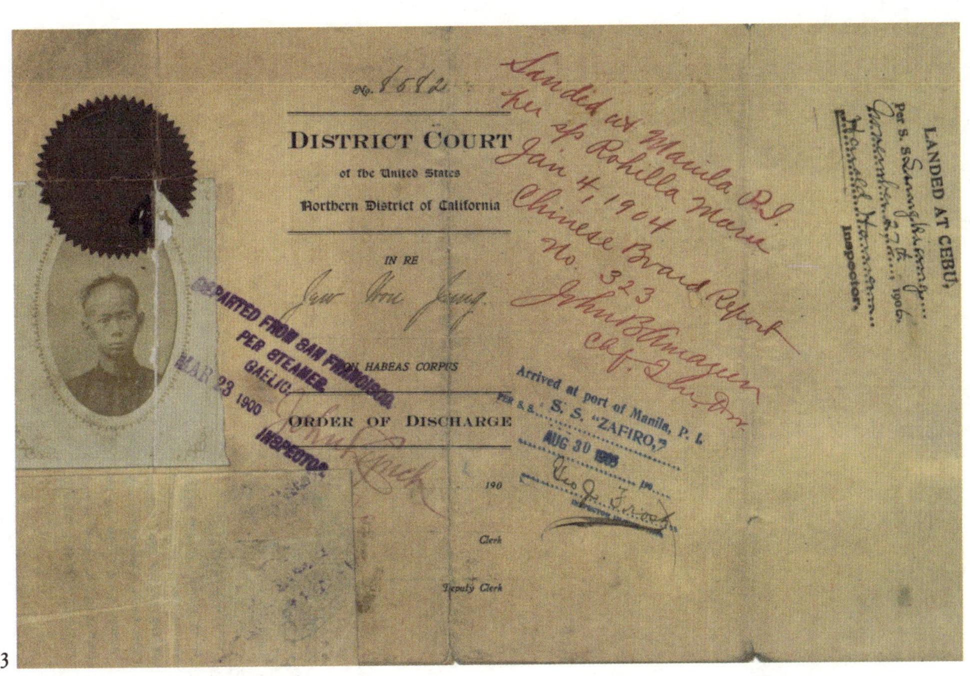
No. 1582
DISTRICT COURT
of the United States
Northern District of California
IN RE
Jew Wre Jung
ON HABEAS CORPUS
ORDER OF DISCHARGE
190
Clerk
Deputy Clerk
DEPARTED FROM SAN FRANCISCO, PER STEAMER GAELIC. MAR 23 1900 INSPECTOR.
Landed at Manila P.I. per sp Rohilla Maru Jan 4, 1904 Chinese Board Report No. 323 John B Thomasen Chf. Inspr
Arrived at port of Manila, P. I. Per S. S. "ZAFIRO," AUG 30 1905
LANDED AT CEBU, Per S. S. ... 1906. Inspector.
43

华工后人周运中的美国护照（1900 年签发）。江门五邑华侨华人博物馆藏。

45

周氏族谱。江门五邑华侨华人博物馆藏。

资料显示，周运中 1874 年（同治十三年）生于美国金山大埠。这时距中央太平洋铁路建成已经五年，而距 1882 年美国排华法案出台尚有八年。其父周成略情况不详。

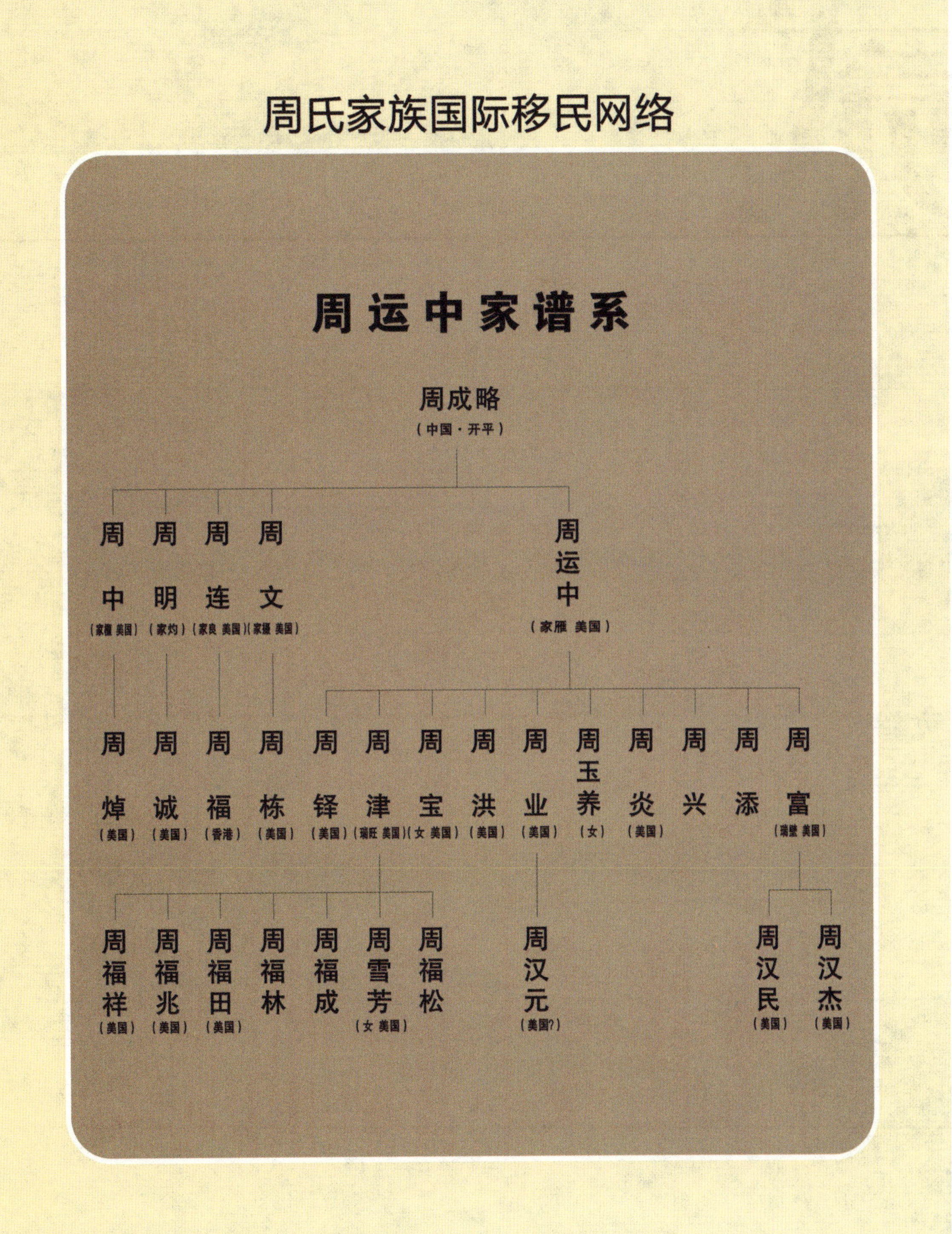

周运中家族海外移民网络图。江门五邑华侨华人博物馆藏。

贰

建设美国太平洋铁路的华工先锋

1869年5月10日下午2时许，由加利福尼亚的萨克拉门托向东1108.6公里与由内布拉斯加的奥马哈向西1747.37公里的两条铁路在犹他准州奥格登地区的普罗蒙特里丘陵处相接，太平洋铁路全线贯通。承担其中最艰巨的西段工程的主力是华工。在内战前夕，美国铁路的总长度已经达到48270公里，占当时全世界铁路总长度的一半以上。但是，美国铁路建设的狂飙时期却是内战后几十年。1862年7月1日美国国会通过的《太平洋铁路法》，授权联合太平洋铁路公司和中央太平洋铁路公司修建一条横贯东西的铁路干线，东起内布拉斯加，西迄加利福尼亚西海岸。1864年7月2日，该法案的修正案经林肯总统签署正式生效。根据修正案，铁路公司和承包商们获得了更大的实惠——新法案把赠地增加了一倍，准予出售面值100美元的股票，数量由10万张增加到100万张。这两个太平洋铁路法案使私人铁路公司从政府那里获得的土地赠予总数超过了52.61亿公亩，有的州还额外赠送了19.83亿公亩给铁路公司，这两个数字加起来比整个得克萨斯州的面积还要大。

公司所获的公债、授地及补贴是按铁路铺轨里程发放的，国会并未为铁路的东西两段规定会合地点，因此，建筑这两段铁路的公司为了获得更多的优惠而投入了十分紧张的竞赛，而这一竞赛成败的关键取决于筑路工程的速度，这种速度在相当程度上又取决于能否找到适应竞赛需求的劳动大军。联合太平洋铁路公司承建的东段工程多处在平原地区，而且有密西西比河作为运输动脉，雇用白种工人施工，进展相当顺利。而由中央太平洋铁路公司承包的西段工程经过的加利福尼亚州塞拉岭和内华达州一带，高山峻岭绵亘，地形复杂，气候恶劣，塞拉岭山区冬季常有暴风雪，沙漠地带夏季干燥炎热，施工条件异常艰险，不少白人工人经受不了恶劣的条件而纷纷离去。西段筑路工程进展非常迟缓，开工两年之久，铺轨尚不足80.45公里，中央太平洋铁路公司为此几乎陷入了绝境。

中央太平洋铁路公司起初打算把联邦在押犯弄来监督劳动，从南部引进自由黑人，从墨西哥雇用短工，或把内战中俘获的南方叛军士兵充当工人，但是都不可行，情况万分紧急。在无计可施、万般无奈的情况下，公司“四巨头”之一查尔斯·克劳克建议先雇用50名华工试试。结果完全出乎他们的意料，华工干得异乎寻常地出色。接着他们又雇用了3000名华工，效果同样令人十分满意。本来持反对意见的利兰·斯坦福州长改变了态度，他于1865年10月10日向美国第17任总统安德鲁·约翰逊报告说："为了解决内华达山工程停滞的问题，我们雇用了一批中国工人，以劳工阶级而言，他们沉着而安静，此外，他们非常勤劳，热爱和平，耐力也比其他民族强得多。这些华人的学习能力令人惊讶，他们很快就学会了未来铁路建设工作中所需要具有的专业技术，而且无论哪一种工作都能在最短的时间内熟练掌握；另外，以工资而言，也是最经济的。尤其值得注意的是，他们彼此的联系非常密切。虽然目前我们已雇用了千名以上的华工，但是我们仍打算以最优厚的条件，通过介绍业者的协助，再增加华工的人数。这是不同于奴隶制的雇佣组织。""没有他们（中国人），要在国会法案所要求的期限内完成这个伟大的国家工程的西段是不可能的。""这些华人安分守己，忍耐力强，节俭度日，比白人俭朴得多，并从不计较工资的高低。"后来斯坦福在他的遗嘱中附有永久雇用华工在他产业上工作的条文。直到20世纪30年代，在他资助创办的斯坦福大学，还有当年修路的华工的后裔在工作。

为了加快推动华工进入加利福尼亚，1865年2月18日，美国政府决定建立美国和中国之间的海邮汽船服务。1868年7月22日，中美两国政府签订《中美续增条约》即《蒲安臣条约》，为华工赴美提供了法律保障，推动大批华工来美国修筑铁路和开发西部。1869年，在太平洋铁路西段全线雇用的筑路工人中，五分之四以上是华工。

华工建设中央太平洋铁路可歌可泣的壮举，已为世人所传颂。中央太平洋铁路公司"四巨头"之一、包工头克劳克在回忆录中说："我们已经完成了在美国铁路史上堪称最艰巨的一项工程。这项工程之所以能这么快取得成功，应该归功于华工们的默默奉献。"在整个太平洋铁路建设中，华工的高强度、高风险劳动和他们所得的待遇是很不相称的。他们干的是险工，却与白种工人不同酬。白种工人每月35美元且供食宿；华工每月26美元还不供食宿。不仅华工全部没有人身保险，而且铁路当局根本不承担对工人家属的义务。

1877年2月27日，美国国会两院调查中国人入境问题联合特别委员会提出报告书，其前言中说："加利福尼亚和太平洋岸的资源，曾经由于得到中国人的廉价

劳动力，而获致比没有这一因素更为迅速的发展。就物质繁荣而论，太平洋岸毫无疑问是最大的受惠者，因为有了中国劳工而大获其利。”直到 1882 年 4 月 4 日，美国总统切斯特 · 阿瑟还发表咨文说 ：“成千上万的华工来到了合众国。谁都不能说这个国家没有从他们的劳动中得到好处。在建设连接大西洋与太平洋的铁路中，他们是主要的出力者。”“如果没有他们，本来是没有人干的。”

19 世纪中叶以来，华工在北美的生活不仅面临经济困境和社会习俗、文化认同上的问题，而且在享受平等人权方面也荆棘丛生、每况愈下。仅在 1850—1893 年间，美国地方当局和州政府颁布的排华立法就多达 20 多项。1882 年国会通过了《排华法案》，经阿瑟总统于当年 5 月 6 日签署生效，从而以法律形式确认了长期以来对华人的歧视和排斥，华人的“美国梦”遭受严重挫折。直到 1943 年，富兰克林 · 罗斯福总统才正式签署法令，废除《排华法案》，从而使华人在美国的人权有了基本的法律保障。世界反法西斯战争胜利后，特别是美中关系正常化以来，美国华人生活发生巨变，华人和美国各族人民和谐发展，开创了华人建设北美历史的新篇章。

1.史无前例的中央太平洋铁路

有关建设横贯北美大陆太平洋铁路的主张最初是在 19 世纪 40 年代提出来的。1853 年，美国国会授权陆军部长戴维斯负责对密西西比河谷与太平洋岸之间的几条线路可行性的勘察。1855 年勘察报告完成，提出了四条可供采取的路线，但是国会对于勘察报告并未采取任何行动。美国内战开始后，有关铁路建设线路的选择显得对于北部十分有利。热衷于铁路工程的利兰 · 斯坦福、科利斯 · 亨廷顿、马克 · 霍普金斯、查尔斯 · 克劳克等人，提出了承建加利福尼亚州的中央太平洋铁路线的申请，该线路在加利福尼亚州由西向东与另一条由东向西的铁路线相接，这一主张获得国会多数人的支持。1862 年 7 月 1 日，美国国会通过了第一个建设太平洋铁路的法案 ；10 月 17 日，中央太平洋铁路公司向内政部提出了建设该铁路段的专门报告。1863 年 6 月 1 日，中央太平洋铁路公司向内政部长提交了该公司详尽的年度报告和工程局的设计线路报告，其中提及穿越塞拉岭山区的艰难线路。在巨大的利益驱动下，各个铁路公司、承包商和股东们之间展开了空前激烈的争斗，也一再提出对该法案的多种修正意见。美国国会 1864 年 5 月 11 日的第 112 号议案（太平洋铁路公司议案，参议院第 132 号），规定了密苏里河至太平洋沿岸的太平洋铁路建设每年的进度里程。1864 年 7 月 1 日和 2 日，参议院和众议院分别同意联合委员会提出的修正议案报告。7 月 2 日，法案经林肯总统签署正式生效。1862 年和 1864 年两个太平洋铁路法案是横贯北美大陆太平洋铁路工程的主要法律依据。

太平洋铁路的长度和难度在当时世界上是没有先例的。自 1869 年至 1893 年，美国先后建成了五条横贯大陆的铁路干线，最早的横贯大陆铁路建设对开发西部大平原和落基山区、沟通全国经济的重大影响不言而喻。而在实际建设中，中央太平洋铁路工程远比联合太平洋铁路要险峻和复杂。1864 年 12 月 5 日，美国内政部长 J · P · 厄谢尔向总统和国会提出报告，说明了中央太平洋铁路自加利福尼亚州的萨克拉门托向东修建和联合太平洋铁路由内布拉斯加的奥马哈向西修建的进展情况。资料记载，在全长 2896.2 公里（合 1800 英里）的工程中，中央太平洋铁路公司修建的西段铁路至 1864 年 6 月 4 日仅仅从起点萨克拉门托推进了 50 公里，1866 年 11 月 9 日为 151.25 公里，整个工程进度远远落后于联合太平洋铁路公司的施工进度。在这种形势下，寻找一支特别能干的劳动大军赶上施工进度成了当务之急。

47

48

林肯总统签署的第一个建设太平洋铁路法案规定了联合太平洋铁路和中央太平洋铁路各自的起点。联合太平洋铁路公司自西经 100 度的共和河谷南岸和普拉特河谷北岸之间地向西修筑，在南山口越过落基山脉，到内华达准州的西部边界，其后再向西延伸。中央太平洋铁路公司则自太平洋岸修筑到加利福尼亚州的东部边界，其后再向东延伸。双方铁路建设的延伸可以一直到和另一方线路相衔接为止。法案特别提到有 482.7 公里路段为多山困难线路，其中 241.35 公里路段为落基山脉的自东向西处，另 241.35 公里路段为内华达山脉塞拉岭由西向东处。图为美国国会档案中修建中央太平洋铁路法令影印文本。

49

林肯总统（1861—1865 年在任）不仅捍卫了联邦的统一，而且为废除奴隶制度、促进经济现代化的发展作出了杰出的贡献。1862 年 7 月和 1864 年 7 月，林肯总统先后签署了美国国会通过的第一个建设太平洋铁路法案和该法案的修正案。

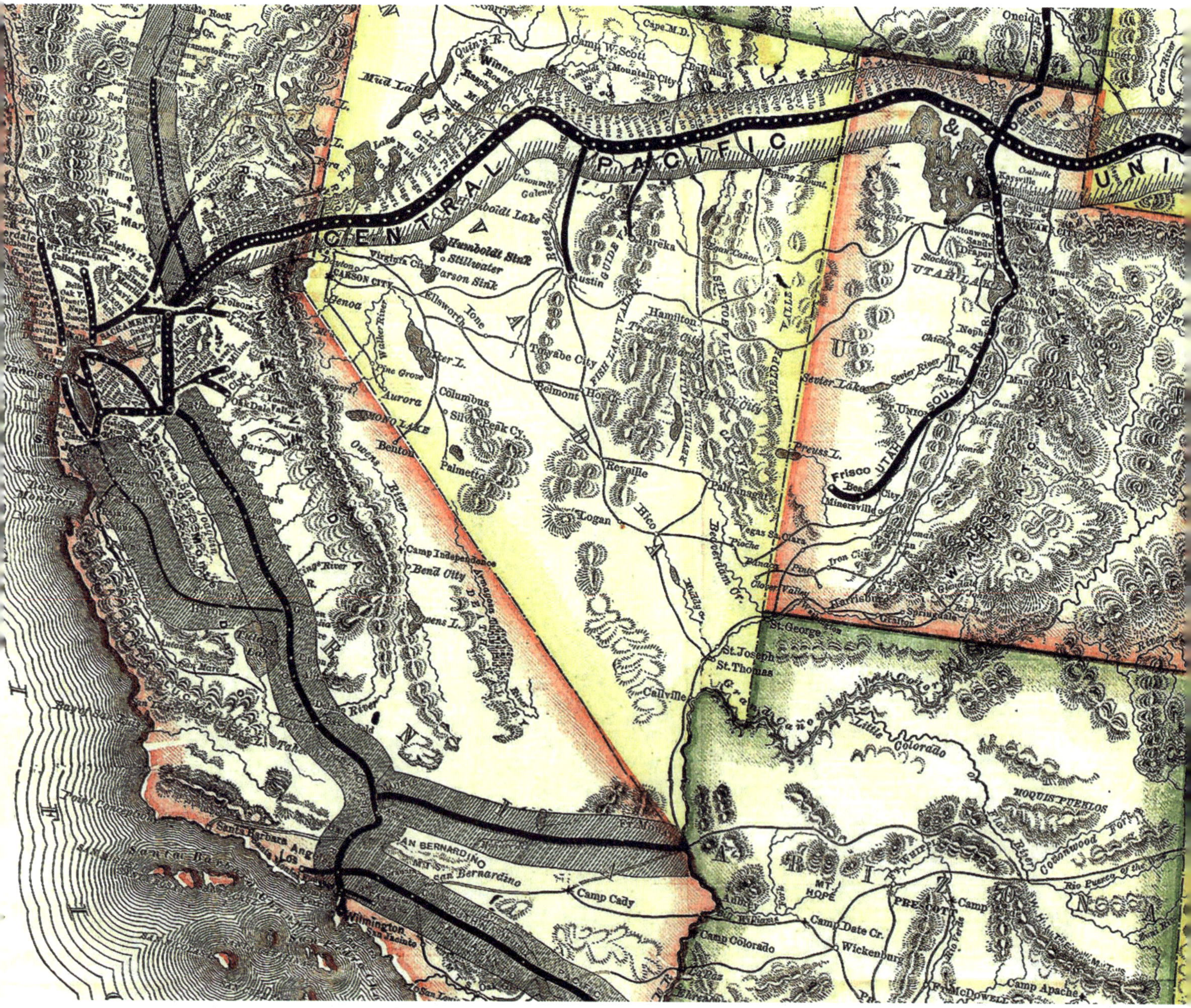
CENTRAL PACIFIC
Humboldt Lake
Humboldt Sink
Stillwater
Carson Sink
Virginia City
CARSON CITY
Genoa
Aurora
MONO LAKE
Benton
Columbus
Silver Peak
Palmetto
Austin
Eureka
Hamilton
Toyabe City
Belmont
Reveille
Logan
Hiko
Callville
St. Joseph
St. Thomas
St. George
Frisco
Minersville
Sevier Lake
UTAH LAKE
Oneida
Camp Independence
Bend City
Owens L.
SAN BERNARDINO
San Bernardino
Camp Cady
Wilmington
Little Colorado
MOQUIS PUEBLOS
Camp Colorado
Camp Date Cr.
Wickenburg
Camp Apache
Mud Lake
Camp W. Scott

50

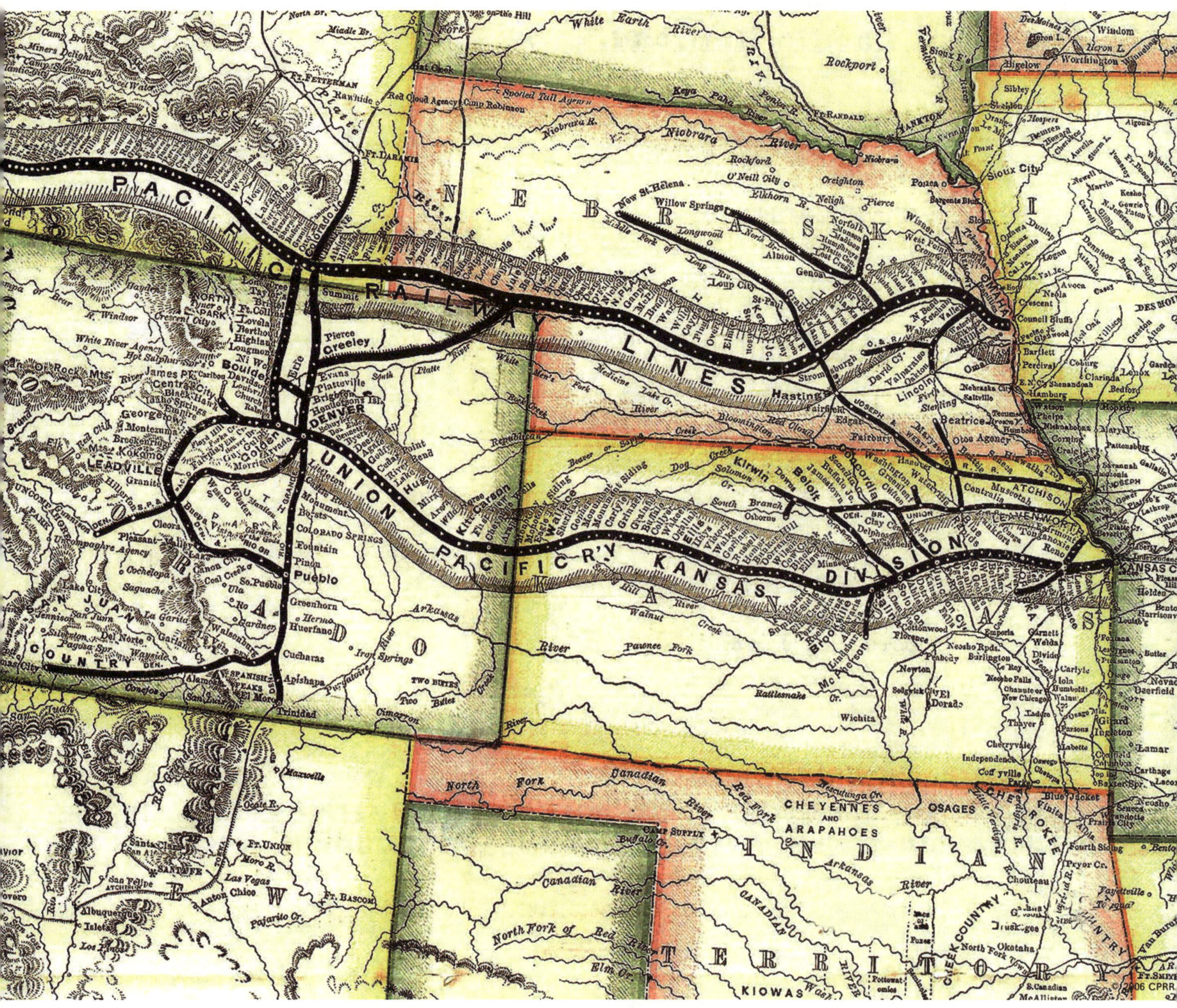

1881 年中央太平洋铁路和联合太平洋铁路示意图。这幅地图表明，中央太平洋铁路施工形势远比联合太平洋铁路要险峻和复杂。该图还显示了铁路公司所获得的土地赠予情况。根据太平洋铁路法案的规定，承建的铁路公司有权无偿获得铁路建设用地及其两侧毗连的相关公有土地，包括泥地、石地、林地及其他建筑材料，有权在公有土地上建设车站、铁路建设物、车间、库房、修理厂等。法案规定，每铺设 1 英里（注：1 英里约合 1609 米）路轨，另外赠予铁路两侧各 20 英里的备用地段，并且按首次抵押条件给予贷款，一般每英里可得 16000 美元贷款（丘陵地则为 32000 美元，山区为 48000 美元。法案还规定对这些地段的建设债券应给予加倍的优惠）。此外，铁路公司还获得铁路沿线山林采伐权，但不包括采矿权。

Central Pacific Railroad.

STATEMENT

MADE TO THE

PRESIDENT OF THE UNITED STATES,

AND

SECRETARY OF THE INTERIOR,

OF THE

PROGRESS OF THE WORK,

OCTOBER 10th, 1865.

51

1865 年 10 月 10 日中央太平洋铁路公司向总统和内政部提交工作报告，说明太平洋铁路建设的进展和遇到的困难，强调在塞拉岭等山区进展十分缓慢，而符合需要的劳动力十分缺乏。但报告中也提及，随着大量华工参与铁路建设，公司对按期完工是有信心的。图为报告的封面。

52

CHINESE LABOR.

A large majority of the white laboring class on the Pacific Coast, find more profitable and congenial employment in mining and agricultural pursuits, than in railroad work. The greater portion of the laborers employed by us are Chinese, who constitute a large element in the population of California. Without them it would be impossible to complete the western portion of this great national enterprise, within the time required by the Acts of Congress.

As a class they are quiet, peaceable, patient, industrious and economical—ready and apt to learn all the different kinds of work required in railroad building, they soon become as efficient as white laborers. More prudent and economical, they are contented with less wages. We find them organized into societies for mutual aid and assistance. These societies, that count their numbers by thousands, are conducted by shrewd, intelligent business men, who promptly advise their subordinates where employment can be found on the most favorable terms.

No system similar to slavery, serfdom or peonage prevails among these laborers. Their wages, which are always paid in coin, at the end of each month, are divided among them by their agents, who attend to their business, in proportion to the labor done by each person. These agents are generally American or Chinese merchants, who furnish them their supplies of food, the value of which they deduct from their monthly pay. We have assurances from leading Chinese merchants, that under the just and liberal policy pursued by the Company, it will be able to procure during the next year, not less than 15,000 laborers. With this large force, the Company will be able to push on the work so as not only to complete it far within the time required by the Acts of Congress, but so as to meet the public impatience.

1865年10月10日中央太平洋铁路公司向美国总统和内政部提交的工作报告片断。

报告说："在太平洋沿岸的大多数白人劳工，在矿场和农场找到了比在铁路上挣钱更多和满意的工作。受雇于我们的工人大部分是中国人，他们是构成加州人口的重要部分。没有他们，我们不可能在国会法案规定的时间内完成西部这个宏大的国家工程。作为劳工阶层，他们安静平和、吃苦耐劳、勤劳简朴、善于学习，在铁路建设中各种不同的工作岗位上，他们很快就能和白人劳工一样高效地工作，而且比白人更精于节省材料，满足于更少的工资。我们发现他们组成了互助会，由精明的商人担任工头，管理着数以千计的劳工，高效并以最优惠的条件处理劳务关系。

盛行于这些劳工中的这套管理体制不同于奴隶制、农奴制或劳役偿债。他们的工资总是在每个月底以硬币支付，由管理人员根据每个人的劳动情况进行分配。通常是美国人或华商为华工供应食物，伙食费从月薪里扣除。我们已从中国商人那里得到承诺，他们将以公正和灵活的政策继续从事这些工作（指招募华工和供给伙食等劳务服务），并有望在明年招募不少于15000名华工。有了这支大部队，公司将能加快铁路建设，不仅要在国会法案规定的时间内完工，还可以满足公众的迫切心情。"（李炬 译）

53

Across the Continent:

A SUMMER'S JOURNEY

TO THE

ROCKY MOUNTAINS, THE MORMONS, AND THE PACIFIC STATES,

WITH SPEAKER COLFAX.

By SAMUEL BOWLES,

Editor of The Springfield (Mass.) Republican.

SPRINGFIELD, MASS.:
SAMUEL BOWLES & COMPANY.
NEW YORK:
HURD & HOUGHTON.
1866.

1866 年出版的英文书《Across the Continent》（《穿越美洲大陆》）的封面

作者塞缪尔·鲍尔斯（Samuel Bowels，1826—1878），新闻工作者、作家和出版商。

242 ACROSS THE CONTINENT.

and injustice. Ever since they began to come here, even now, it is a disputed question with the public, whether they should not be forbidden our shores. The do not ask or wish for citizenship; they have no ambition to become voters; but they are even denied protection in persons and property by the law. Their testimony is inadmissible against the white man; and, as miners, they are subject to a tax of four dollars a month, or nearly fifty dollars a year, each, for the benefit of the County and State treasuries. Thus ostracized and burdened by the State, they, of course, have been the victims of much meanness and cruelty from individuals. To abuse and cheat a Chinaman; to rob him; to kick and cuff him; even to kill him, have been things not only done with impunity by mean and wicked men, but even with vain glory. Terrible are some of the cases of robbery and wanton maiming and murder reported from the mining districts. Had "John,"—here and in China alike the English and Americans nickname every Chinaman "John,"—a good claim, original or improved, he was ordered to "move on,"—it belonged to somebody else. Had he hoarded a pile, he was ordered to disgorge; and, if he resisted, he was killed. Worse crimes even are known against them; they have been wantonly assaulted and shot down or stabbed by bad men, as sportsmen would surprise and shoot their game in the woods. There was no risk in such barbarity; if "John" survived to tell the tale, the law would not hear him or believe him. Nobody was so low, so miserable, that he did not despise the Chinaman,

OPPOSITION TO THE CHINESE. 243

and could not outrage him. Ross Browne has an illustration of the status of poor "John," that is quite to the point. A vagabond Indian comes upon a solitary Chinaman, working over the sands of a deserted gulch for gold. "Dish is my land,"—says he,—"you pay me fifty dollar." The poor celestial turns, deprecatingly, saying: "Melican man (American) been here, and took all,—no bit left." Indian, irate and fierce,—"D—— Melican man,—you pay me fifty dollar, or I killee you."

Through a growing elevation of public opinion, and a reactionary experience towards depression, that calls for study of the future, the Californians are beginning to have a better appreciation of their Chinese immigrants. The demand for them is increasing. The new State, to be built upon manufactures and agriculture, is seen to need their cheap and reliable labor; and more pains will be taken to attract them to the country. But even now, a man who aspires to be a political leader, till lately a possible United States Senator, and the most widely circulated daily paper of this city, pronounce against the Chinese, and would drive them home. Their opposition is based upon the prejudices and jealousy of ignorant white laborers,—the Irish particularly,—who regard the Chinese as rivals in their field, and clothes itself in that cheap talk, so common among the bogus democracy of the East, about this being a "white man's country," and no place for Africans or Asiatics. But our national democratic principle, of welcoming hither the people of every country and clime, aside, the white

54

《Across the Continent》(《穿越美洲大陆》)一书的文字片断

书中（红线部分）说："太平洋铁路正在由中国劳工建造，数千名中国人正在内华达山区的岩石和沙漠地区快速铺设轨道。说实在的，没有他们，这项伟大的工程将不得不拖延几年。他们坚韧勤勉，吃苦耐劳，跟白人做同样的工作，却只获得一半的薪酬（每个月只有 30 美元，而白人却有 50 美元）。此外，华工活儿做得比白人劳工漂亮。……他们善于学习，安静整洁，诚实可靠，整日劳作，从不胡闹。"

虽然华工获得了上述这么好的口碑，但他们还要受到白人恶棍甚至印第安痞子的欺压，忍受"人祸"的迫害。请看下文的描述：

"显而易见，西部太平洋沿岸的繁荣对廉价劳动力的需求远超过对资本的需求。按理说，这些中国人会受到各行业的欢迎，当地应该鼓励移民并用法律保护他们。相反，我们看到各种偏见和不公使中国人成为受害者。自从他们来到这个国家起，公众一直在争议一个问题：他们是否应该被禁止踏上我们的土地？他们不奢求成为公民，也没有野心成为选民，他们人微言轻，甚至不懂得用法律保护自己的人身和财产安全。比如中国矿工，他们每个月纳税 4 美元，或一年缴纳 50 美元，州县财政都从中获得利益，因此，他们理应受官方派遣劳作。然而，他们却受到卑鄙和残忍的恶人盘剥欺压。虐待或欺骗、抢劫甚至杀死中国人的事件时有发生。……"（李炬 译）

55

56

57

58

火车穿行在美国西部的崇山峻岭之中。这一路段也是中央太平洋铁路施工最艰难的部分。

59

60

61

62

积极推动太平洋铁路兴建的“四巨头”：(59) 利兰·斯坦福 (1824—1893)、(60) 科利斯·亨廷顿 (1821—1900)、(61) 马克·霍普金斯 (1813—1878)、(62) 查尔斯·克劳克 (1822—1888)。查尔斯·克劳克这位负责招募华工的中央太平洋铁路工程承包商说：“我们无路可走，只好找中国工人来试。结果我的想法完全变了。假如我现在包下一件定有期限、急于尽快完成的大工程，我一定要雇用中国劳工。”“我认为我们能够得到中国工人，让他们来到我们中间，对于我们国家的物质利益是大有好处的。”

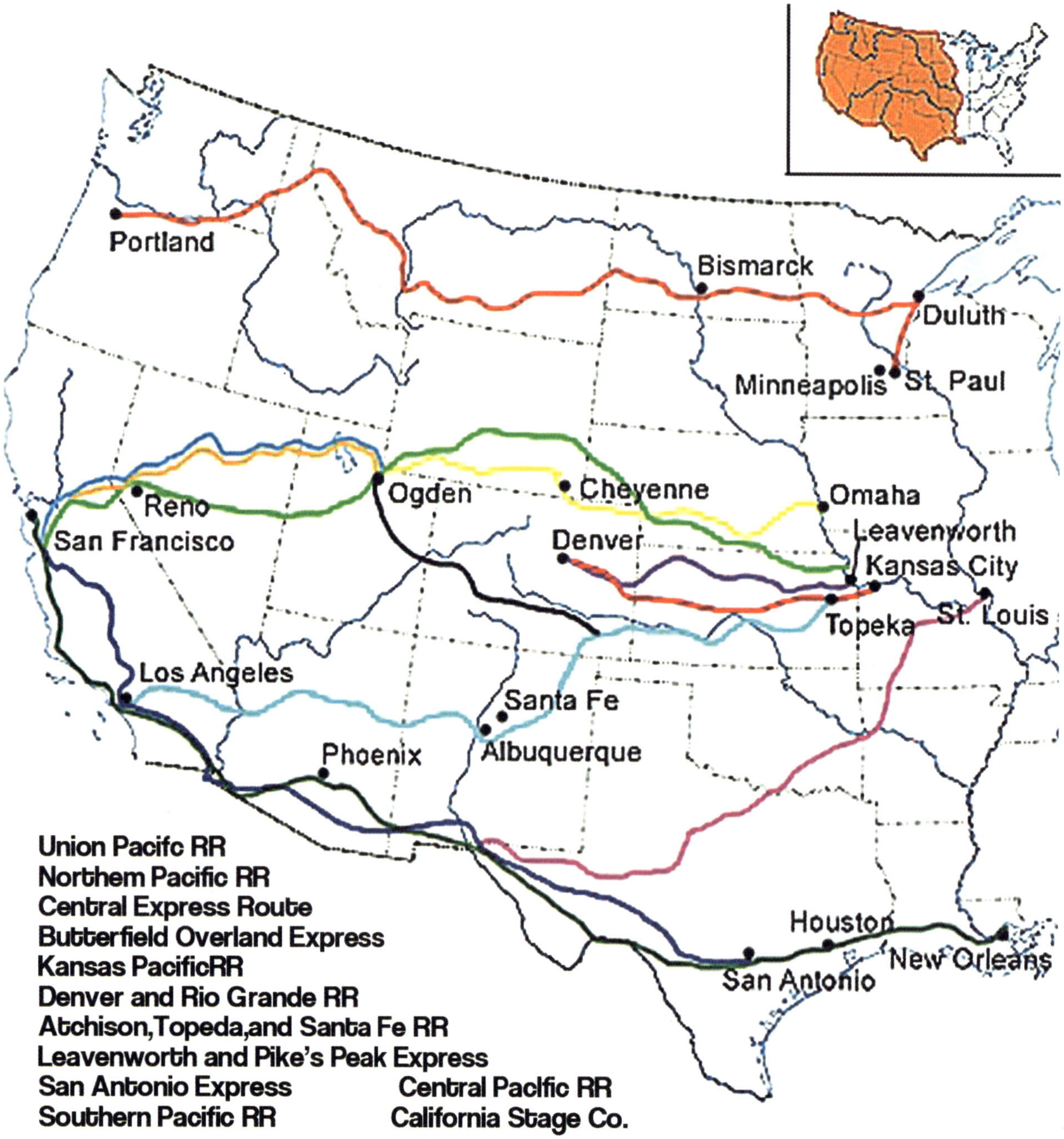

1869—1893 年，美国先后建成了五条横贯大陆的铁路干线。它们是：(1) 1869 年建成的联合—中央太平洋铁路，5 月 10 日在犹他准州的普罗蒙特里丘陵接轨。中央太平洋铁路由旧金山向东，经萨克拉门托东延；联合太平洋铁路自芝加哥向西，经艾奥瓦的康斯西尔布拉夫西延；(2) 1881 年建成的圣菲铁路；(3) 1883 年建成的北太平洋铁路，自西雅图到明尼苏达的德卢斯；(4) 1883 年建成的南太平洋铁路，由圣迭戈到路易斯安那的什里夫波特；(5) 1893 年建成的大北铁路，自俄勒冈的波特兰到北达科他的格兰德福克斯。最早的五条通向太平洋的铁路中，有四条是用联邦授地补助修建的，美国横贯大陆铁路对开发西部大平原和落基山区、沟通全国经济有着重大的影响。

64

76 CHINESE IMMIGRATION.

number remaining is perhaps overestimated a great deal on account of deaths and emigration from here to the Territories, and others that are scattered abroad. A good many have gone down to the Sandwich Islands from here.

By the CHAIRMAN:

Q. Was the Chinese population of this State as great in proportion to the white population between 1850 and 1860 as it is now?—A. I should say so.

Q. State whether in your opinion the proportion of Chinese population to the white population of this State has increased since 1860.—A. It did not increase until about 1868. In 1868, 1869, 1870, 1871, if I recollect aright, and up to 1875, it is from 12,000 to 18,000. Am I correct?

Senator SARGENT. It fell off in 1871 and 1872. The first of these years it was 5,000, and the second year 9,000.

The WITNESS. Along in 1860 they formerly went into the mines, but as the late Mr. Douglas would have stated it, I suppose the "unfriendly legislation" in regard to foreign miners, and the decline in the production of the old worn-out mines, rendered their compensation rather precarious, so that the immigration fell off. I noticed that in 1865 there were only 3,095, and in 1866, 2,242. The impulse in 1867, 1868, and 1869 I have always conceived to have been given by the building of the Pacific Railroad, the company being very anxious for laborers. A great many were brought here directly and indirectly by the efforts of the railroad people to get laborers. Then in 1871 the immigration fell off to 5,000, and in 1872 to 9,770; and the departures in those two years more than half the number of those who came. Then in 1873 they run up to 17,000, in 1874 to 16,000, and in 1875 to 18,000.

By Senator SARGENT:

Q. How do you account for that? What cause has operated the last two or three years to bring them here?—A. I cannot conceive. I cannot give any reasonable explanation.

By the CHAIRMAN:

Q. Do you think that the demand for labor in this State or on this coast has had anything to do with the increase of this immigration?—A. I think it had in those years. I know practically, of my own knowledge, that laborers were imported for work on that road.

Q. If the demand for labor should diminish here, do you believe that would have the effect of diminishing this immigration?—A. O, yes. The supply will not come unless there is a profitable demand for it. If I recollect rightly, along in 1867, 1868, and 1869, there was quite an excitement started in the South for Chinese labor, and they organized all sorts of emigration schemes. I know I was approached on the subject.

By Mr. PIXLEY:

Q. That was the year of Koopmanschap, was it not?—A. Yes; the year of Koopmanschap. They were going to bring over any quantity of coolies to supplant the negroes on the plantations, and some experiments were tried, I think with very ill results.

Q. I understood it to be a failure?—A. They did not pay the Chinamen; that was the cause of the failure, and the Chinamen quit.

By Senator SARGENT:

Q. In order to find a reason, if possible, for this increase of Chinese immigration during the past three or four years, let me direct your attention to this consideration, that we have been reclaiming tule-lands, which has made a larger demand for Chinese labor, and that railroad-building in this State during the last few years has again taken an impetus. For instance, the railroad which has just reached Los Angeles, and some lateral roads, have been built. The question is whether that would account for it.—A. I have no doubt that that accounts for it partially; and that the Chinese merchants here and those having an eye to business speculate on all these probabilities of labor as well or better than we can.

Q. That partially accounts for it. I should like to ask you if you are aware of the fact that the Chinese are finding their way into eastern cities and along the lines of railroads, that New York has its Donovan alley, something like Dupont street, and that this makes an outlet for them in the East, so that this is getting to be, in a certain degree, a national question instead of a local one?—A. I am not familiar enough with the East to give you any opinion upon the subject.

CHINESE IMMIGRATION 77

By Mr. PIXLEY:

Q. Do you know the number of Chinese who were employed in the flush times of the Pacific Railroad?—A. No.

Q. Was it not about 10,000 laborers?—A. You can ascertain the number. It serves no useful purpose for me to guess at the number.

Q. With reference to the question whether the importation of Chinese affects the immigration of white laborers from the East, what would have been the effect if the Central Pacific Railroad Company, out of the subsidy from the General Government and their general means, had imported 10,000 white laborors from Eastern States to build their road? What would have been the ultimate and substantial effect on the State as compared with the result of importing 10,000 Chinese laborers and using them upon the road?—A. Such speculations are useless.

Q. Speculations, judging from your observation of building roads in other countries, and the extending of roads westward? To be allowed to put a leading question, I will ask if the introduction of 10,000 white European laborers to work upon the Pacific Railroad, when it was completed would not have left us 10,000 industrious laboring people to have become the heads of families and the cultivators of the soil, and to have had generally to establish industries as a natural thing?—A. Undoubtedly a majority of them would have remained.

Q. And the profit of this labor which was made by 10,000 Chinamen was returned to China, was it not?—A. Yes, the profit of it; I suppose the bulk of it found its way back there.

Q. Would not the profit of white labor have remained here?—A. Yes, it would have remained here or gone to Ireland.

Q. And if it had gone to Ireland, to bring back other immigrants probably?—A. Probably.

Q. You have heard the argument made that the Central Pacific could not have been built except by Chinese labor?—A. I heard you make it once.

Q. I do not remember that.—A. I think I heard you make that statement in a speech.

Q. I do not think you ever did.

By the CHAIRMAN:

Q. I will ask the governor what proportion of the labor in constructing these railroads has been performed by Chinese?—A. I should think on the Central Pacific Railroad, from my knowledge of it, four-fifths of

横贯北美大陆的第一条太平洋铁路贯通后，美国国会两院调查中国人入境问题联合特别委员会在 1877 年 2 月提交了报告书。[8]其中有不少肯定华工功绩的证词，称华人“在美国人挨饿的地方，他们却能维持生活。他们能够为不能提供一个美国人的最低生活必需品的报酬而工作”，“要同他们进行竞争或者排挤他们，美国人必须去做华人不能与之竞争的、报酬非常低廉的工作，因为在生存竞争中依赖最少的人，将生存得最为持久”。加利福尼亚州参议会代表弗兰克·壁克斯作证说：华工“是最好的铁路工人”。加利福尼亚州最高法院法官所罗门·海登菲尔特说：“加利福尼亚州的繁荣兴旺实在应当归功于来到此地的中国人所付出的辛勤劳动。”美国前驻华公使、前加利福尼亚州州长弗雷德里克·娄说：“中央太平洋铁路的土方工程约有五分之四是中国人完成的。”美国商人亨利·海特说：“横贯大陆铁路，倘若不是这些中国人，绝不能完成得这样快。这条铁路能够如期交工使用，主要应当归功于他们。”

2.华工在中央太平洋铁路工地

中央太平洋铁路，是拥有世界上最长、最多隧道的铁路之一。这里地势复杂，平均每隔100英里就要制服一座二三千米的高山；冬夏两季，温差很大，冬天常有暴风雪袭击。在修建内华达塞拉岭一段铁路时，要在两座大山的悬崖陡壁之间，运来大量泥土填平山谷，要开凿数百米隧道穿过高山，这些最艰巨的关键性工程都是用最简陋的工具完成的。太平洋铁路险段开凿隧道和山岭工程主要是由华工承担的，铁路公司的包工头查尔斯·克劳克在试用了华工后毫不犹豫地确信华工能够帮助公司完成一个又一个的困难工程。

从1866年夏季开始，华工运用先祖修建万里长城的聪明才智，用一年多时间，凭借古老而传统的工具——铁锹、钢钎、手镐、绳索与篮子，一点一滴地完成了任务，打通了梗阻中央太平洋铁路线的塞拉岭长达百里的巉岩通道。入冬后的塞拉岭山区，风雪交加，气温降到零下23摄氏度，工程运输陷入停顿，工程师们连续商量，也没有善策。这时，有一位华工出来讲了一个故事："当年中国京城内有一巨钟，重几千斤，欲移至大钟寺，但无运输工具能运此庞然大物。直到冬天，始有工人建议从城内至大钟寺路上，铺设浅沟，灌以水，因天气严寒，滴水成冰，浅沟之水马上成了一冰道，乃置钟于冰上，轻易拉至目的地。"工程师们受到启发，马上请华工设计，赶制了一长达39.25公里的冰道，解决了运输难题。

对于华工在筑路工程中的杰出表现，工程承包商克劳克曾在美国国会调查委员会的证词中说："我们在内华达塞拉岭顶峰底下的隧道工程考验了中国工人的能力。这是一条必须从最坚硬、最顽固的花岗岩中开凿出来的长隧道，必须在岩石深处施工。我们决定在山脚下从两面相向掘进，尽快打通整个隧道。公司对此非常着急，因为它是全部工程中必须尽早突破的一个难关，处在穿越整个山脉的关键位置。公司起初敦促我想办法雇最好的柯尼斯矿工，把他们投入隧道工程，以便早日完工。我照办了。我们到弗吉尼亚城雇到柯尼斯矿区的一些好手，并且额外增加工资。我们把他们放在隧道工程的一端施工，而把中国人放在另一端，工程从两端同时相向推进。我们每个星期天早晨去考察、测量工程进度。每一次，中国佬们几乎都毫无例外地比柯尼斯矿工挖得多、挖得快。"铁路公司在一份公报中说，1865年春，当中央太平洋铁路延伸到内华达塞拉岭地区两条河流的分水岭处时，须建筑长335.28米、高27.43米的高架桥，大批华工完成了填埋峡谷、保障高架桥跨越的艰巨任务。许多历史学家和社会学家在谈到华工在太平洋铁路施工中的壮举时说："所有这些伟绩都是在机械化时代到来之前完成的。这是用镐、锹、铁锤和铁钎完成的，是靠肩挑土筐、单套马车拉土完成的。"在塞拉岭开凿隧道等高风险作业的过程中，冬季还经常遭遇雪崩，工地帐篷经常被雪崩冲落峡谷，造成华工伤亡。尽管如此，华工还是创造了铺路施工的空前纪录。

位于内华达州塞拉岭海拔 758.04 米的合恩角中央太平洋铁路施工工地，列车边施工边通行。坚韧 65
不拔的华工被中央太平洋铁路公司招募来这里从事开山凿岭的艰苦工作。他们要在两座大山的悬崖陡壁之间，运来大量土石填平山谷，开凿数百米隧道穿过高山，用最简陋的工具承担着最艰巨的关键性工程。从 1866 年夏季开始，华工用一年多时间打通了梗阻铁路的塞拉岭长达百里的悬崖峭壁。有历史学家对华工开凿这段艰险通道的英勇精神作了如下叙述：“合恩角犹如一堵花岗岩石墙。它是这一年（指 1866 年）里最难攻克的难关。它的下部是垂直光滑、深达 1000 英尺（合 304.8 米）的悬崖峭壁。百折不挠的华工腰系绳索，身悬半空，用锤子和钢钎先凿出一条险峻的小道，然后再费劲地逐步向里扩展，开出一条行驶车辆的通道。三年以后，当横跨大陆的火车小心谨慎地贴着峭壁慢速向前时，旅客们透过车窗朝下望去，都十分惊讶。”

大约有 6000 人云集在峡谷坡上。他们有的有条不紊地凿着炸开的乱石；有的头戴草帽，排着队，推着小推车，把一车车的碎石卸在峡谷坡地；有的用竹扁担挑着 70 磅重的黑色炸药，小心翼翼地走在危险的羊肠小道上。他们有时喝上几口随身带着的酒罐里的茶水，那酒罐是白人弃之不用的。人们很快发现，中国人擅长做钻孔爆破等繁重艰巨的工作。这些是那时工程的主要工作。……铺轨工人紧挨在筑路工人的后面。机车推着一串串平板车，车上满载着铁轨、木材、炸药、食物、饮料和更多的工人，向路轨的前端驶去。

——历史学家奥斯卡·刘易斯《四大家族》

66

铁路工地上开凿山岭、运送木料和石块的华工。

67

太平洋铁路险段开凿隧道和山岭的工程主要是由华工承担的，图为 1867 年在中央太平洋铁路隧道附近施工的华工。中央太平洋铁路的华工包工头查尔斯·克劳克曾在美国国会调查委员会的证词中赞扬华工在承担大量艰巨的土石基础工程中所表现出的丰富经验，他说：“他们不是建成了世界上最伟大的土石工程——中国的万里长城吗？”

68

华工在萨克拉门托附近的铁路工地开凿石头。

69

太平洋铁路曾经是世界上有着最长、最多隧道的铁路之一，开凿隧道是建设中央太平洋铁路中最艰难的一关。图为华工在太平洋铁路施工中的一个隧道洞口。1866年圣诞节，达奇福特拉的《征信报》报道说："华工从隧道两头掘进，并在中央打出一个竖坑，然后向两个相反方向施工。他们就这样从四个工作面同时挖掘，一天24小时不停轮流换班。打通这一隧道花了13个月，最后打通时，已经不是仲夏，而接近秋凉九月了。""很明显，华工这两年在山峰上进行令人难以想象的艰苦奋斗，为萨克拉门托的小业主们（按：指中央太平洋铁路的股东）赢得了时间。"在一个多世纪之后的今天，它仍然在保障着穿越隧道的火车畅行无阻。

> 铁轨还没有铺完，冬天又来了。……这第二个冬天的情况比头一年还糟。……可是，中央太平洋铁路却没有失败。……为了夺回失去的时间，华工筑路队天不亮就开始干活，天黑以后还就着艾木篝火发出的光亮继续工作。铁路工程按每天一英里这种无情的速度，月复一月地向前推进。到了1869年1月，中央太平洋铁路终于完全伸展到大盐湖盆地。
>
> ——亚历山大·塞克斯顿
>
> "塞拉岭上的广州军团"，《太平洋历史评论》1966年5月号

太平洋铁路施工现场的中国茶水供应工在8号隧道东侧入口处。华人劳工在中央太平洋铁路工地使用的是扁担，挑的是“金山梦”，日复一日，肩负着重担，艰难地行走，不知何时为尽头，不知哪年能圆梦。

从唐纳峰顶遥望唐纳湖。

在唐纳峰隧道边华工送水地点拍摄的新照片。 72

73

唐纳峰顶防雪隧道新老对比图。

74

在中央太平洋铁路内华达段铺路的华工。

75

铺设中央太平洋铁路的最艰辛地段，同乘一辆轨道车的华工和白人工头。

76

大批华工用小推车运送泥土，填埋塞拉岭附近高架桥深谷处的工地。地点是在距萨克拉门托 62 英里的 Secrettown，时间为太平洋铁路 1869 年 5 月 10 日合龙之后。高架桥长 1100 英尺（合 335.28 米）、高 90 英尺（合 27.43 米），大批华工完成了填埋峡谷、保障高架桥跨越的艰巨任务。美国著名史学家比林顿在谈到华工的贡献时说："创业者最难办的问题——怎样从边疆地区得到劳动力——则由输入大量中国苦力而解决了。7000 个留着辫子的工人劈出了筑路地带，当他们用独轮车推土或是躲避炸药包的爆炸时，他们的大草帽和摆动的裤腿构成了生动的画面。"

77

用马车和简陋工具在铁路工地运送土石方的华工。

78

华工用简陋工具完成了最艰巨的任务。克劳克对此回忆说："内华达山西侧的斜坡有一处危险的断崖，令人望而生畏，故而被称为陆上的'合恩角'。内华达山的'合恩角'是1866年春所碰到的一个难题，当时工程将要进行到达奇福特拉了，山顶全是难以开凿的花岗岩，而且谷底的断崖也深达1000英尺（约304米）。""通往山顶的坡路是那样的陡峭，以至于货车马车无法通行，所有的东西都得用手推车推着走。挑着扁担的华工一天须以人力搬运500桶黑色炸药，至于其他的东西，如粮食和水，就更不用说了。"

华工在太平洋铁路工地开山炸石，为铁路铺轨清障和准备石料。

79

80

制服中央太平洋铁路的高山阻挡是华工的专长。中央太平洋铁路的施工平均每隔 100 英里就要制服一座 2000 米以上的高山的阻隔，而联合太平洋铁路的施工则平均每隔 500 英里才碰上一座山势平缓的 150 多米高的山。

81

萨克拉门托加州铁路博物馆陈列的背景为从唐纳峰顶俯视唐纳湖的模型图画，可见一群华工正在绝壁上开拓路基。

82

在中央太平洋铁路穿越崇山峻岭的隧道中施工的中国铁路工人。一位美国学者详尽叙述了华工的艰苦卓绝的壮举：1866 年春天——铁路工程开始三年以后——中央太平洋铁路最后到达了高山区第一个主要的前哨地点，即分水岭。这是一块扶壁状的岩石，在它下面，亚美利加河咆哮着穿过 304.8 米深的峡谷奔流而去。这里没有迂回道路可循，唯一的通道就是越过一个由大石块和角石构成的半圆形横梁。人们用箩筐把华工吊下岩去，他们悬空凿石、钻眼，然后顺着绳索赶快攀登上来，炸药就在他们下面爆炸，炸后又继续下去凿石钻眼。这样，他们一寸一寸地在悬崖边沿开辟出一条岩石通道，其宽度足以供人行走和手推车通过，最后能够铺上 8 英尺（约合 2.4 米）宽的枕木。随着华工筑路队向前推进，工程列车紧紧跟随在后，车道极窄，火车的铁抓手和轴颈盖简直是悬空了。在严寒的日子里，隧道的入口被罕见的积雪掩埋了，华工的营帐也都埋在雪里。他们挖通气孔和烟囱，白天靠灯笼的光亮干活，大家冻得发抖，缩成一团，就这样打通了从营房到隧道入口处的坑道。虽然所需的物料要用蒸汽起重机从 12.2 米高、为冰雪覆盖的地面吊下去，而挖出的渣土要用同样的方法运走，这项工作还得继续进行。[9] 阿尔弗雷德 · 哈特摄。

83

布鲁默深槽及其附近砌在石堆上的纪念标牌。

84

这个从一座 20 多米高的山坡中劈出的巨大的深槽长 300 多米、宽 4 米。标牌上的文字显示：布鲁默深槽得名于此地所处的布鲁默牧场。深槽从 1864 年建成以来，几乎完全保持原样。这项艰巨的工程由一群勤勉耐劳的华工完成，他们用凿子、铁锹和黑炸药，一寸一寸地在坚如磐石的黏土和砾岩中掘进。壮举完成之时，布鲁默深槽被称为世界第八大奇迹。

华工乘轨道车前往铁路工地。 85

86 

 87

88 

 89

中央太平洋铁路公司是第一个大规模雇用华工的企业。从 1865 年到 1869 年的四年间，约有 1.4 万名华工参加该公司承接的筑路工程。图为华工在铁路工地。

90　1868 年，太平洋铁路的建设工地和建设者。在太平洋铁路穿过落基山脉的艰巨工程中，华工屡建奇功，凭借锹、镐等简陋工具和劳动智慧，解决了许多工程师都难以解决的施工难题。

中央太平洋铁路施工中的华工。阿尔弗雷德·哈特摄。

92

1865 年华工承担的中央太平洋铁路工程最险要路段施工现场。阿尔弗雷德 · 哈特摄。

华工和美国各族工人一起修建太平洋铁路。 93

3.横贯北美大陆铁路的开通

1869年5月10日，一枚金色道钉钉入路轨，正式宣告了被誉为世界铁路史上一大奇迹的横贯北美大陆铁路建成通车。这是美国历史上，也是世界历史上具有划时代意义的重大事件。铁路运输是美国工业化道路上的先行官，中国工人则是这支先锋队中战无不胜、攻无不克的冲锋队和敢死队。但是在犹他准州奥格登地区的普罗蒙特里丘陵会合处的庆典上，人们分享欢乐时，竟然没有华工的身影。招募华工的倡议者查尔斯·克劳克感到很尴尬，便在萨克拉门托的一次庆祝会上以一句话提醒大家："我愿意提请各位注意，我们建造的这条铁路能及时完成，在很大程度上要归功于贫穷而受鄙视的、所谓的'中国的劳动阶级'——归功于他们表现卓异的忠诚和勤劳。"

历史是不该被遗忘的，太平洋铁路的建成离不开成千上万铺路的"沉默的道钉"——华工。正是万余名华工不顾生命安危和生活艰苦，在关键时间、关键路段，在平整路基、开通隧道、爆破山腰等关键岗位上连续奋战，才有了横贯大陆铁路的开通。历史会给勤劳纯朴、不畏艰险的中国工人以公正的评价。太平洋铁路贯通50年后，在犹他准州奥格登金色道钉50周年纪念活动中，一辆彩车上站立着当年被选中参加最后铺轨的八位中国工人中的三位，表明历史永远铭记在人们的心中。

华工对太平洋铁路建成的历史贡献一直为学术界所称道。有论著称，中央太平洋铁路的完成"全为华人之功"，华工是"美国开路先锋"，"如果没有炸药知识并重视炸药的使用，如果没有中国人在令人目眩的高空贴在几乎垂直的悬崖上干活，如果没有中国人用生命闯过了白人难以忍受的艰苦难关，中央太平洋铁路公司负责的路段绝不会建成。即使建成，时间上也要拖得很久。""修筑这条铁路所要克服的障碍几乎是难以逾越的"，要"同山中的暴风雪和沙漠的酷热作经常性的斗争"，"这些困难的克服"，要归功于包括华工在内的数千劳工的"勇敢和献身精神"，施工中"最沉重的部分都落在他们强壮的肩膀上"，"中央太平洋铁路公司发觉中国劳工比加利福尼亚本地劳工更为得力，更能使公司获得巨大利润。这使后来承包美国西部地区铁路工程的资本家竞相仿效，引入更多的中国劳工"。华工修筑的中央太平洋铁路中最艰难的一段被称作"19世纪世界最伟大的工程"，连儒勒·凡尔纳的小说《八十天环游地球》也说，正是有了这条铁路，80天环游地球的梦想才得以实现，"过去即便在最顺利的情况下，从纽约到旧金山也要走六个月，而现在只需要七天"。

94

1869 年 4 月 28 日太平洋铁路建设创下的 10 英里（合 16.09 公里）的日铺轨新纪录路标。1869 年 4 月下旬，距离联合太平洋铁路和中央太平洋铁路会合还剩 14 英里（合 22.53 公里）。4 月 28 日，两个铁路公司的官员和一些新闻记者注意到，修建中央太平洋铁路的华工和爱尔兰工人夜以继日地施工，创造了日铺轨 10 英里的新纪录，超出联合太平洋铁路工人最快纪录 2 英里（合 3.218 公里）。

1863 年，美国内政部在一份报告里说，根据 1862 年 7 月 1 日通过的太平洋铁路法案，由政府保 95
证建设的用于邮政、军事和其他目的的自密苏里河至太平洋的铁路线和电报线工程已经开始实施。1865
年 3 月 3 日，国会通过了 H.R.763 号修正案，规定由中央太平洋铁路公司承建由加利福尼亚州圣何塞至
萨克拉门托段的铁路线和电报线工程。图为电报工人在犹他准州的韦伯峡谷铁路沿线加紧施工的情景。

96

1869 年 5 月 10 日太平洋铁路会合处的金色道钉，道钉头上写着“最后的道钉”等字。中央太平洋铁路董事长、加利福尼亚州州长利兰·斯坦福朝着这枚黄金道钉敲下了第一槌。具有象征性的这一银槌掠过道钉，落在铁轨旁边电报线的信号器上。该信号器直通华盛顿，全美各地教堂都随之响起了钟声，共同欢庆这非凡的历史时刻。随着铁路的连接完成，铁路旁边的电报线工程也完成了，横贯大陆铁路历史性的会合就这样完成了。为了纪念横贯北美大陆东西铁路的历史性大会合，加利福尼亚一位名叫大卫·休斯的富商捐赠了这枚黄金道钉。这枚最后的金色道钉比一般的道钉要大一倍，直径有 5 英寸多，宽约 1/8 英寸，钉身是用 14.03 盎司 17.6K 金黄金铸成的，时金价每盎司 18.44 美元，当时报纸计算该金色道钉价值在 360—440 美元之间。据传这根金色道钉在 1892 年被拔起，赠给了斯坦福大学，并由查尔斯·克劳克所创办的银行——克劳克银行代为保管。后来，为了便于展览，这枚道钉于 1954 年再度归还给斯坦福大学，存放在该校的博物馆中。

97

位于犹他州普罗蒙特利丘陵的金色道钉纪念碑。

1869 年 5 月 10 日，联合太平洋铁路与中央太平洋铁路在犹他州的普罗蒙特利丘陵合龙，在此敲下了最后一颗道钉。1957 年，这里建立了犹他州金道钉国家历史遗址博物馆。

98

原先建在铁路边的金色道钉纪念碑老照片。

1869 年初，联合太平洋铁路和中央太平洋铁路两支铺路大军进入犹他准州。由内政部长任命的三位专 99
员决定了铁路会合的线路，并选择犹他准州奥格登以西 56 英里（合 90.1 公里）处的普罗蒙特里丘陵处为会合点。1869 年 4 月 9 日，两个公司的代表在首都华盛顿开会，同意这一安排。次日，美国国会通过了联合决议，确定普罗蒙特里丘陵处为相遇点。实际上，两家铁路公司在铺轨相遇之后，又各自平行向前多铺了十几英里。图为两支铺路大军 1869 年 5 月 10 日在犹他准州奥格登地区的普罗蒙特里丘陵处会师接轨，标志着连接北美东西两大洋的第一条铁路全线贯通。

100

横贯大陆的太平洋铁路会合前，有八位华工被挑选出来参加最后的铺轨工程。1869 年 5 月 10 日这一天，在加州萨克拉门托举行了盛大的庆祝活动，但在游行队伍中，竟然连一个华工代表也没有。纳萨尼尔·贝内特法官在发言中说："在加州人民的血管中，流着四个当代最伟大民族的血液：有法国人敢打敢冲的勇猛劲头；有德国人的哲学头脑和坚定精神；有英格兰人的不屈不挠的毅力；有爱尔兰人不知忧愁的火爆脾气。它们各自作出一份恰如其分的贡献。"他在发言中只字不提华工所作的贡献。这使得中央太平洋铁路公司的四巨头之一、招募华工的倡议者查尔斯·克劳克感到很尴尬，他在萨克拉门托举行的庆祝会上十分巧妙地以一句话提醒大家："我愿意提请各位注意，我们建造的这条铁路能及时完成，在很大程度上要归功于贫穷而受鄙视的、所谓的'中国的劳动阶级'——归功于他们表现卓异的忠诚和勤劳。"这一讲话被誉为美国移民史中著名的"一句话历史"。[10]

101

东起内布拉斯加奥马哈的联合太平洋铁路和西起加州萨克拉门托的中央太平洋铁路于 1869 年 5 月 10 日在犹他准州奥格登地区的普罗蒙特里丘陵处胜利接轨。

102

1869 年 5 月 10 日太平洋铁路接轨时的祈祷情况。著名的美国边疆史学者雷·比林顿写道："一个电报员向正在倾听消息的全国发报：'脱帽敬礼！祈祷正在进行。'13 分钟以后，他由于终于动手接轨而感到如释重负：'我们祈祷完毕，即将钉上道钉。'""那天晚上全国都在举行庆祝活动：芝加哥的游行队伍长达 7 英里；纽约的房屋挂出了彩旗，鸣炮 100 响，并且举行了感恩祈祷；费城敲响了古老的自由钟；布法罗高唱国歌。"

103

1869 年 5 月 10 日在犹他准州奥格登地区的普罗蒙特里丘陵处举行的铁路贯通庆典仪式一瞥。

104

太平洋铁路接轨会师的照片。这是庆祝典礼前的布景，左边是中央太平洋铁路燃烧木材的火车机车，右边是联合太平洋铁路燃烧煤炭的火车机车，标志胜利的旗帜高高飘扬。人们庆祝两支铁路铺轨的会合，庆祝北美大陆铁路的正式贯通，但是我们发现，作出了杰出贡献和巨大牺牲的华工无一人在场。

1869 年 5 月 10 日，最后的金色道钉钉入路轨，正式宣告了被誉为世界铁路史上一大奇迹的横贯美国东西的大动脉建成。两支建设队伍的工程师们分享香槟、啤酒，庆贺这一历史时刻的到来。尽管华工为这一国家工程作出了具有历史意义的贡献，付出了巨大的牺牲，但是中国人并没有被邀请参加会师典礼。 105

106

第一条横贯北美大陆铁路通车后不久，1869 年 6 月底、7 月初的普罗蒙特里。

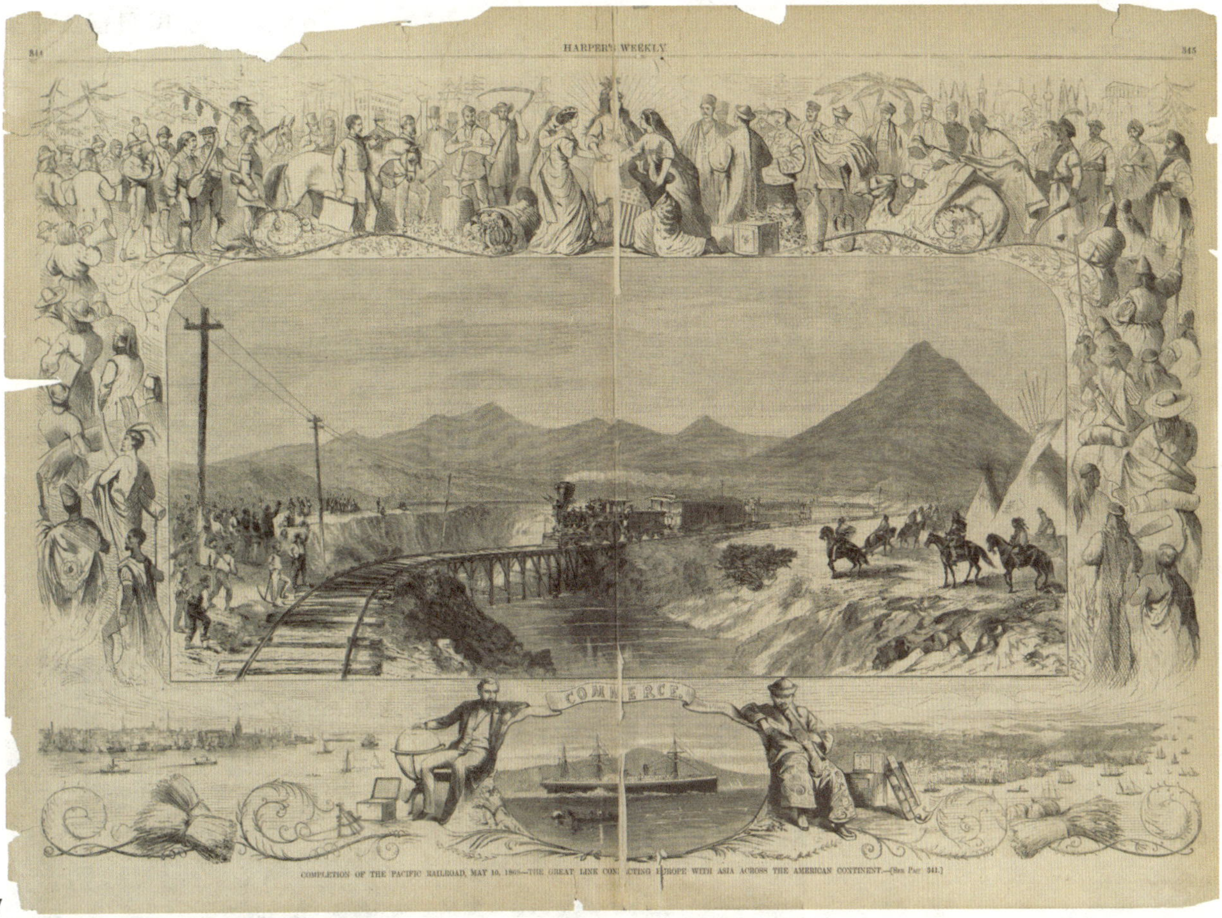

107

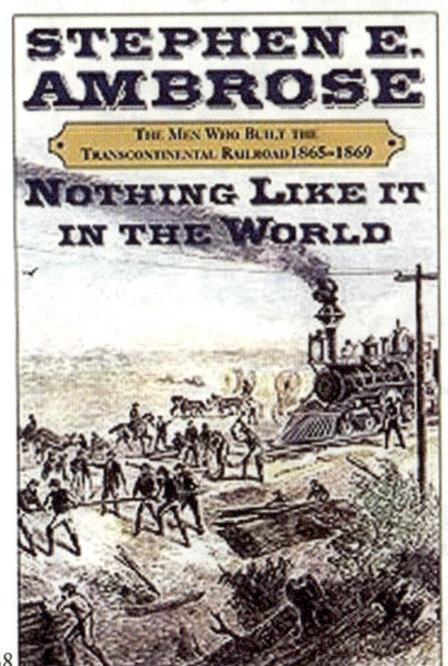

108

《哈泼斯周刊》刊登的1869年5月10日中央太平洋铁路完工的图片。美国著名历史学家斯蒂芬·安布罗斯在他的专著《举世无双：横贯美洲大陆铁路的建设者（1865—1869）》中盛赞华工对于太平洋铁路的贡献在世界上是史无前例的。著名铁路工程师约翰·加洛威在他的《第一条横贯美国的铁路》一书中说："建设这条横贯大陆的铁路线——全长1800英里（合2892公里），通过大草原和艾灌丛生的大沙漠，穿越落基山脉和内华达山脉的山口——无疑是19世纪最最伟大的工程奇迹。"

109

1869 年 5 月 10 日横贯北美大陆铁路连接处的工程地标。

110

1919 年 5 月 10 日犹他准州奥格登金色道钉 50 周年纪念会上，一辆彩车上站立着的 Ging Cui、Wong Fook 和 Lee Shao，他们是当年被选中参加最后铺轨的八位中国工人中的三位。

1869 年太平洋铁路接轨前最后数公里处，欧亚劳工共同奋战。 III

112

约瑟·贝克（Joseph Becker）所画的建设横贯北美大陆铁路的中国工人。

113

铁路车站旁的中国劳工和白人领班。

1878年，华工继续参与修建另一条太平洋铁路。

1885 年在太平洋铁路施工的华工。

47
5786-B

116

117

118

华工建设连接加州南北铁路组图：(116) 洛杉矶繁华街头的浮雕，其中有纪念华工和美国铁路工人共同修建太平洋铁路的画面；(117) 洛杉矶繁华闹市街头竖立的历史档案照片，显示华人和美国铁路工人共同修建加州太平洋铁路的往事；(118)1881—1884 年间，三位华人翻译和经纪人与美国铁路公司负责人合影，他们在共商修建加州太平洋铁路事宜。

4.华工的艰难生活

华工承担着中央太平洋铁路最艰难的攻坚任务，他们不仅工资待遇超低，而且作业风险很高，付出了巨大的牺牲。美国前驻华公使、前加利福尼亚州州长弗雷德里克·H·娄在国会的证词中明确说："中国人每人每月工资 31 美元，食宿自理。而雇用白种工人每人每月要 45 美元，另供食宿。算起来，用一个白种工人每天要用 2 美元，而使用一个中国工人只需要这个数目的一半。"在塞拉岭开凿隧道的过程中，冬季经常发生雪崩，工地住宿帐篷至少四次被雪崩冲落峡谷，死亡华工数以千计。美国史学家在叙述华工的高死亡率时写道："1865 年末到 1866 年初冬，气温达到历史最低点。早在 10 月就下起鹅毛大雪，接下来的五个月，暴风雪几乎连续不断。地面冰冻如石，路轨和建设铁路全被埋没，上面覆盖的冰雪深达 15 英尺（约合 4.572 米）。工程进度十分缓慢。""在 49 英尺（约合 12.19 米）深的地下挖掘隧道，3000 多名工人接连数月生活在那里，活像鼹鼠，要通过距积雪地面很深的漆黑一团的地道才能从工作区到达生活区。这种奇异可怕的生活中经常遇到危险。随着山脊上积雪越来越厚，雪崩愈益频繁。雪崩前除了短暂的雷鸣般的隆隆声，没有任何征兆。霎时间，整群工人、整个营房，有时甚至是整个营地呼地一下全被卷走，摔入几英里外的冰雪峡谷，几个月后，工人的尸体才被发现。有时人们发现整批的工人被冻死，他们的双手依然紧紧握着镐头或铲子。""1866 年冬天到 1867 年初，由于降雪过多，造成以华人苦力为主的约 1.3 万名工作队成员全被困在内华达山东侧斜面的杜拉基溪畔的帐篷中，而千辛万苦运到工地现场的粮食，常因雪崩而随帐篷一起被埋在雪堆里，造成大量人员伤亡。""1866 年 12 月，在内华达山西侧工作的华工全部遭到雪难，但内华达山顶的隧道工程仍继续前进。""雪崩频繁发生，在工程中丧生的华工越来越多。华工在密不通风的积雪中挖洞和烟囱，靠着灯笼的微软光线干活。在这种情况下，华工们还是在大雪中挖出了一条横向的隧道。"克罗克的主要副手詹姆斯·斯特罗布里奇在国会作证时说道："雪崩毁坏了我们华工的帐篷。在雪崩中，我们牺牲了大量的工人（指华工）；有许多工人的尸体，直到第二年积雪融化以后才发现。"对于华工来说，没有不可克服的困难，美国有句俗语"not a Chinaman's chance"，意思是即使让中国佬来干也没有指望的，你来干更没希望了。

为太平洋铁路建成作出杰出贡献的华工，不仅金山梦难圆，而且还备受歧视。早在 1850 年，加州的《外籍矿工执照税法》就规定每名华工每月缴纳 20 美元税金。这项税金收入在 1870 年之前占加州税收总数的一半。19 世纪五六十年代，又出台了华人子弟不得就读公立学校、华人不得拥有房地产、不向华人发商业执照等歧视性规定；在反华团体煽动下，1876 年和 1877 年两次发生白人种族主义武装攻打旧金山唐人街的动乱。到 19 世纪 70 年代末，"中国佬必须滚开"的叫嚣已经充斥了整个加州，并进而向全美扩展。国会于1878年6月17日通过一项决议案，敦促政府停止接纳华人移民。1879年2月15日，国会通过法案，禁止任何载有超过15名华人的船只进入美国。1880年10月13日，3000多白人种族主义分子在科罗拉多州丹佛市包围华人住宅区，造成华人生命和财产损失。在反华浪潮中，《哈泼斯周刊》(*Harper's Weekly*) 等一些新闻媒体推波助澜，发表许多丑化华人的漫画。1882年国会通过了《排华法案》，规定十年内不准华人入境、不得准许华人归化为美国公民等等；随后，全国性的排华法案不断出台，攻击和迫害华人事件不断发生，如1885年9月2日发生的白人种族主义者攻击华工的恶性案件。华人是美国历史上唯一曾被美国国会及联邦政府立法排挤和禁止移民的族群，在第二次世界大战中即使日本、德国和意大利国民也未遭此厄运。由于获准移居美国的中国人为数极少，华工婚姻问题难以解决，大量华工被迫返回祖国，华人社会呈持续萎缩状态。据统计，美国华人的人数在1890年时是10.7万人，到30年后的1920年减少到6.2万人，男女比例为10:1。在华工由旧金山湾外入境的天使岛，30年间，大量中国移民被隔离在此，有的"隔离"时间长达一年。有人当时曾作《木屋拘囚序》："兄弟莫通一语，相隔关山；亲朋欲慰寸衷，相离天壤。处此间也，欲呼天而天无闻；入此室也，欲叫地而地不应……真犬马之不如。"1924年的《限制移民法》，虽然中国也有100名配额，但排华法案使得这一配额名存实亡。在华人被剥夺平等工作机会以及拥有土地和经商、受教育等权利的情况下，留居美国的华人活动只能局限在华人社区，他们集中居住在"唐人街"，靠经营洗衣店、餐馆、杂货店等卑微艰苦的服务业为生。

第二次世界大战期间，在抵抗德意日法西斯侵略的共同斗争中，美国和中国成了并肩作战的盟国。美国政府征召华人入伍，美国各大城市唐人街出现了华人华侨送子参军的热潮。在美国和加拿大的华人华侨积极参加各个军种、投身美国和加拿大的国防工业和后勤服务事业。1942年2月，仅旧金山的第76征兵局就有2600名华人报名。陈纳德将军组织的中国空军美国志愿大队（飞虎队，后改编为美国第十四航空队）积极支援中国抗日，其中有1300名华侨青年，分成九个中队，分别负责地勤维修、军粮供应、电讯、军械运输等工作。整个战争期间，共有1.5万名华人海员在美国和英国的商船上服务。在旧金山、洛杉矶、西雅图等地，大批华人参加战时民防自卫队；旧金山华人妇女组织慰劳华裔军人会，仅1944年就慰劳军人3000多人。1943年12月17日，富兰克林·罗斯福总统签署法令，废除一切现存的排华法令；每年允许105名中国人移居美国，其中75%的定额给来自中国本土的移民；允许那些合法进入美国的华人加入美国国籍。这是自1882年以来华侨第一次得以合法地移居美国。但是随着20世纪50年代麦卡锡主义在美国泛滥，美籍华人又进入"寒蝉"时期。直到70年代美中关系正常化，华人移民美国的数量才大幅度增加，其移民地区的分布和所从事职业的范围都较之前大为拓宽。高新技术和高文化教育程度移民的快速涌入，大大改变了在美华裔的人员结构，无论在政治上、经济上、民权上和社会生活等方面，华人的处境都发生了重大变化。

Testimony of J. H. Strobridge, U.S. Pacific Railway Commission				
Year	Chinese	Rate of Pay	White Workers	Rate of Pay
1864	very few	———	1,200	$30 a month
1865	7,000	$30 a month	2,500	$35 a month
1866	11,000	$35 a month	2,500	$35 a month
1867	11,000	$35 a month	2,500-3,000	———
1868	5,000-6,000	———	2,500-3,000	———
1869	5,000	———	1,500-1,600	———
Note that across Nevada the Central Pacific also employed the local Indians, not refected in the above chart				

119

美国太平洋铁路委员会总监工斯特罗布里奇在听证会上的证言表明，华工的工资待遇比白人低，而非同工同酬。

120

这份中央太平洋铁路华工雇员的变动图，显示 1864 年 3 月至 1867 年 11 月间每月雇用华工的变化情况。1866 年 1 月至 11 月为高峰期，最多时雇用了 6190 名华工；按华工的工作日计算，1866 年 4 月共有 160958 个工作日。

Nameless Builders of the Transcontinental Railroad

CHAPTER FOUR

Chinese by the Numbers

Research resulting from the payroll records of the Central Pacific Railroad Company becomes significant because it changes currently accepted historical data concerning the initial employment date and total number of the Chinese employed. The original records are archived in the basement of the California State Railroad Museum in Sacramento.[1]

The basic issues have, from time to time, raised several questions,
which I hope to answer with my findings.

1. When and who were the first Chinese employed?
2. What was the maximum number employed?
3. How was this number quantified and qualified?

Employment of the First Chinese Workers

Four of the most popular books about the building of the Transcontinental Railroad overlooked documents that pointed to the exact date of the hiring of the first Chinese railroad workers.

In Chapter Seven, "The Central Pacific Attacks the Sierra-Nevada, 1865," Stephen E. Ambrose writes in *Nothing Like It In The World*:

In February, a month after Strobridge's all-but-fruitless call

Nameless Builders of the Transcontinental Railroad

Table I. Summary of the Chinese Monthly Employment

Payroll Date	Man-Days Paid	No. of Workers	No. of Headman	Avg. CrewSize
Jan 1864	612	23	2	23
Feb 1864	554	21	2	21
Apr 1864	130	5	1	5
Mar 1865	18,972	730	12	43
Apr 1865	35,311	1,358	13	39
May 1865	31,666	1,218	15	81
Jan 1866	29,116	1,120	55	20
Feb 1866	30,584	1,176	61	19
Mar 1866	65,640	2,525	89	28
Apr 1866	160,958	6,190 (max.)	169	37
May 1866	121,026	4,655	149	31
Jun 1866	134,773	5,184	161	32
Jul 1866	121,926	3,933	119	39
Aug 1866	52,300	2,012	34	20*
Sep 1866	113,337	4,359	216	20
Oct 1866	79,729	3,067	173	18
Nov 1866	63,964	2,460	122	20
Dec 1866	34,478	1,326	85	16
Dec 1867	10,427	401	17	24

Notes:
1. The average crew size for 1866 was 27, and the average for 1864-1867 was 28 men.
2. *Denotes 20 different men working tunnels for three shifts for a total of 60 men.

121

1876 年 7 月 6 日，美国国会两院通过决议，成立中国移民特别调查委员会。在该委员会提交的报告中，详细说明了 1864 年 1 月到 1867 年 12 月雇用中国工人的情况。表格中分别按月、按日列出了工人、工头和杂勤人员数字。

122

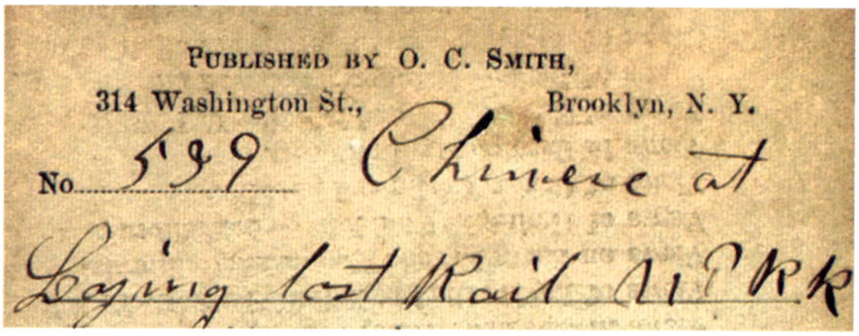

123

PUBLISHED BY O. C. SMITH,
314 Washington St., Brooklyn, N. Y.
No 539 Chinese at
Laying last Rail U P R R

编号 539 号的档案保存了中国工人参加最后铁轨铺设的历史记录。

124

华工发薪日的情景。

C. P. R. R.

PAY ROLL, NO. 103, for month of March 1865

Received from C. CROCKER, Contractor, Central Pacific Railroad Company, the Sums set opposite our respective names, for services performed, during the month of March 1865

125

1865 年 3 月，中央太平洋铁路公司的中国劳工工资发放单。筑路工人之孙、华裔退休工程师赵耀贵（Bill Chew）花了几年时间，在加州萨克拉门托铁路博物馆地下室的旧纸堆中找到了当年修筑太平洋铁路时的华工薪水册。他查阅了 1864 年至 1867 年的铁路工人原始工资单，找出约 1500 个华工姓名，扣除部分重复的名字后，余下约有 900 个姓名。经过计算，他发现薪水较高的是铁匠，每天 1.34 美元，合约劳工每天 1.15 美元，工头每天 1 美元，铁路司机、伐木工人都是 1 美元，厨师每天 0.66 美元，侍者最少，每天 0.60 美元。扣掉一些“成本”花费，平均每名工人一个月薪水 30 美元，偿还来美的借款、利息、旅费、食物和草药的费用、人头费之后，每月所剩无几。他还从 1870 年的萨克拉门托的报刊上发现了约 2 万磅人骨的消息，据测算是 1200 位铁路工人的尸骨，从中可以推定，当年在铁路修筑过程中有大量华工丧命。在研究了当时工人因筑路受伤和死亡的情形后，他发现在铁路隧道施工时，平均每天有二三十人伤亡。在中央太平洋铁路 1110 公里工程中，平均每 3.2 公里死亡 3 名工人。他认为，按最保守的估计，华工至少死亡 1000 人，与 1882 年建巴拿马运河死亡 8 人、1904 年建纽约地铁死亡 50 人相比，其死亡率高出太多。

126

在中央太平洋铁路施工进程中，华工们就住在建筑工地旁的帐篷里，而老板和工程师们则住在火车上。火车就随着工程进展，沿着临时铺就的铁轨一寸一寸地前行。

127

华工在中央太平洋铁路建设工地的照片，反映了华工在铁轨两旁安营扎寨的简陋生活状况。阿尔弗雷德·哈特摄。

RAILROAD GAZETTEER. 53

SISSON, WALLACE & CO.

GENERAL AGENTS FOR

CHINESE LABOR,

Wholesale and Retail Dealers in

CHINESE GOODS,

GROCERIES,

PROVISIONS, LIQUORS, CLOTHING,

Hardware, Produce, Grain,

And all kinds of Family Supplies.

Well appointed Stores located on lines of Western Pacific, California and Oregon, and Central Pacific Railroads at

Pleasanton, Chico, Truckee,
Winnemucca, Carlin, Toano,
and Corinne.

We have furnished, and continue to furnish above Railroads with CHINESE LABOR, and are fully prepared to fill orders for this class of labor, in any part of the country.

Principal Office, No. 12 J Street, Sacramento.

San Francisco Office, No. 228 Clay St.

128

华人经营批发和零售业务的公司的广告，经营范围包括中国货物、食品杂物、酒类、衣物、五金、农产品、谷类，以及各种家庭服务。该公司在加利福尼亚、俄勒冈等地的太平洋铁路沿线商店均有代理。

129

1874 年由威廉・哈恩所绘的萨克拉门托铁路驻地场景。

130 

1885 年左右，华工在加利福尼亚的一个铁路工地。

131 

PACIFIC RAILROAD COMPLETE.

1869 年 6 月 12 日，美国《哈泼斯周刊》上刊登的一幅太平洋铁路建成后华人与美丽的白人姑娘喜结良缘的图片。这表明尽管美国主流社会不认同，还是存在华人与美国妇女通婚的情况。

132

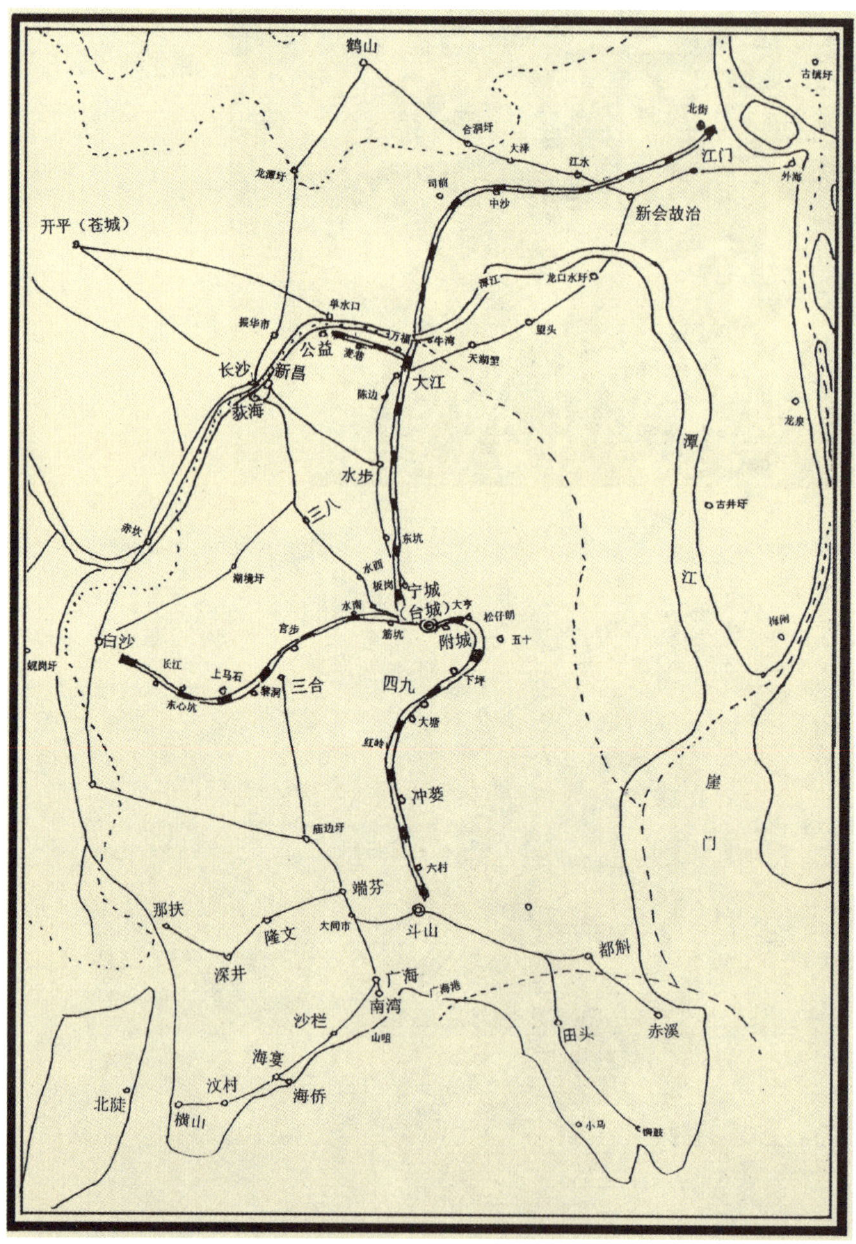

133

华商陈宜禧修建的新宁铁路示意图。陈宜禧，1844 年出生于广东省台山市斗山镇秀墩乡美塘村，15 岁时到美国一位铁路工程师家里帮佣。1865 年参与修筑太平洋铁路，从杂工到技术工、管工，直至升任工程师，历时 40 年。他于 1904 年回国，在家乡倡议修筑了新宁铁路。 新宁铁路从 1906 年破土动工，至 1920 年 3 月全线通车，历时 14 年，其干线从台山的斗山镇至江门北街，支线从台山的台城至白沙，全长 138.1 公里，干线共设车站 37 个。1984 年，台山市人民政府为陈宜禧重立铜像，以纪念他开拓家乡交通之业绩，褒扬其坚忍不拔之奋斗精神。

For the Re-Enactment

OF THE

Chinese Exclusion Law

California's
Memorial

President and the Congress

OF THE

UNITED STATES

ADOPTED BY

The Chinese Exclusion Convention, called by the Board of Supervisors of the City and County of San Francisco, and composed of 3000 Delegates from State, County and Municipal Bodies, Civic, Labor and Commercial Organizations, held at Metropolitan Temple, San Francisco, Cal., Nov. 21 and 22, 1901.

SAN FRANCISCO, CAL.

THE STAR PRESS JAMES H. BARRY

134

1882年5月6日，美国总统切斯特·阿瑟签署了国会通过的《排华法案》。当时美国报纸用“欢呼”作通栏标题报道这一消息。在美国国家档案馆选列出的美国历史上最重要的100件文献中，就包括这极不公正的1882年《排华法案》。在美国国会图书馆网站的“1882年《排华法案》”网页上有这样的文字：“当1882年国会通过《排华法案》后，中国人通向美国梦的大门最终被‘砰’的一声关上了。”

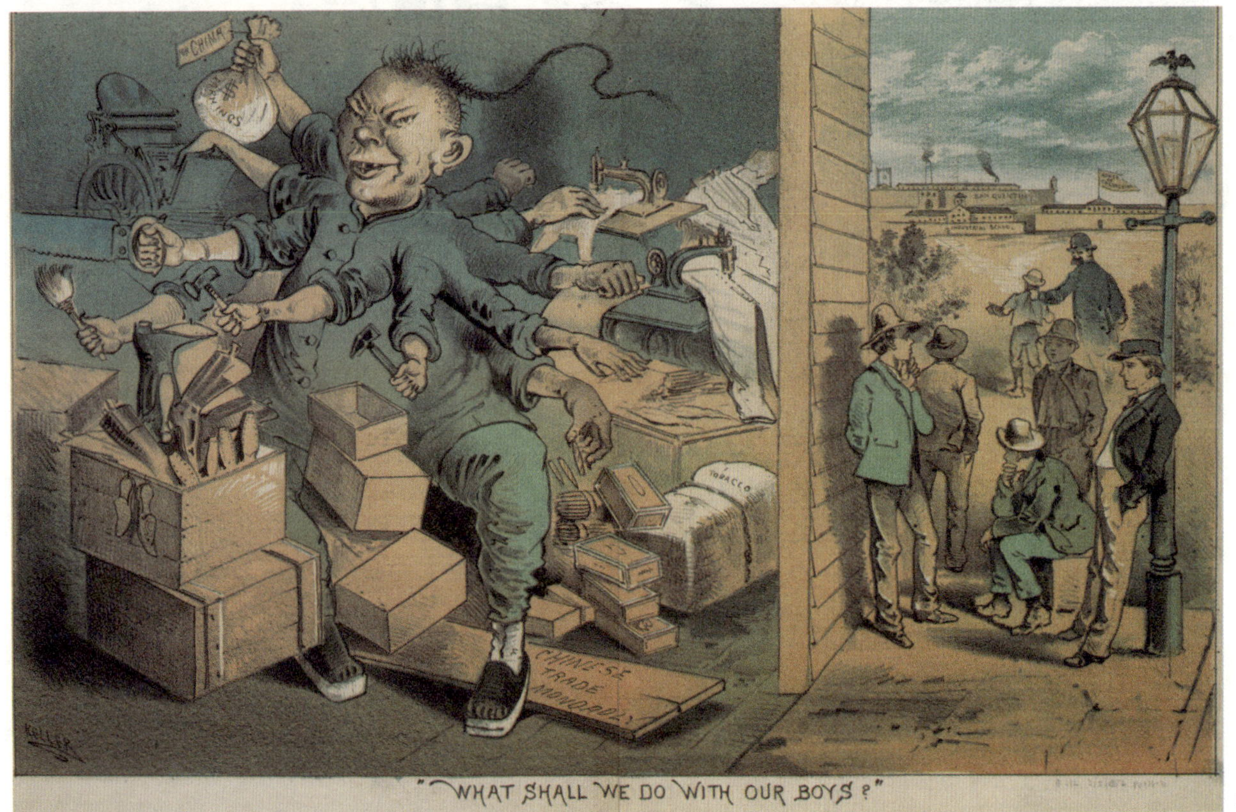

135

一幅卡通漫画，表明多种势力集团在鼓动排华。

136

1880 年丹佛市排华骚乱。这年 10 月 13 日，3000 多白人暴民在科罗拉多州丹佛市包围并袭击了住有约 400 华人的住宅区，导致多人死伤，房舍财产损失惨重。事后，清政府驻美公使陈兰彬向美交涉赔偿，但美国白宫和国务院不予理睬。

HARPER'S WEEKLY.
A JOURNAL OF CIVILIZATION.

Vol. XXI.—No. 1049.] NEW YORK, SATURDAY, FEBRUARY 3, 1877. [WITH A SUPPLEMENT. PRICE TEN CENTS.

Entered according to Act of Congress, in the Year 1877, by Harper & Brothers, in the Office of the Librarian of Congress, at Washington.

P. FRENZENY

CHINESE IMMIGRANTS AT THE SAN FRANCISCO CUSTOM-HOUSE.—[See Page 91.]

137

美国《排华法案》生效后，中国移民入境美国极为困难。图为 1887 年华工在旧金山入境时等待海关严格检查的情景。

138

139

1910年至1940年，数千名华裔移民曾经被拘禁在旧金山湾入口处的天使岛，短则几天，长则一两年。1970年，有人无意中发现了拘禁所木屋内墙上有当年被囚禁者留下的诗作。上图为天使岛移民站墙上刻着的一首中文诗。上面写道："木屋拘留几十天，所因墨例致牵连。可惜英雄无用武，只听音来策祖鞭。从今远别此楼中，各位乡君众欢同。莫道其间皆西式，设成玉砌变如笼。"这类诗词在天使岛上总共有二三百首。拘禁期间，一些有知识的华裔移民结成了类似"诗社"的组织，通过作诗抒发内心的苦闷，并将诗作刻在拘禁所的木板墙上。

在海上颠簸数月后，人们还没下轮船甲板，移民局检查人员已经到来，他们把乘客分成不同级别。文件齐全的少数幸运者被批准上岸，其他人被带往天使岛，等候检查和审讯。来到天使岛上，第一关是检查身体。一个亲身经历过的人这样写："初到时，我们来到羁留站大楼接受身体检查。医生要我们脱光所有衣服。一丝不挂示众乃奇耻大辱，中国人从不这样在大庭广众中裸露。他们检查了一遍又一遍。身体检查之后是每个人单独接受讯问，面对着两名移民检查官、一名翻译员，问答被当场记录下来。为了防止作弊，盘问同个家庭的不同成员时，移民局使用不同翻译员。审问一般进行两三天，移民官提出上百个问题，涉及家庭、住宅、邻居以及个人的具体情况。同样的问题用来盘问家庭的其他成员，以印证他们是否说谎，一旦发现不吻合的地方，就可能导致长期扣留或遣送回国。"

起先，移民局将他们集中在太平洋邮轮公司的仓库里，男女分开，隔离审讯。随着被拘留的华人越来越多，美国移民当局便将审讯站迁至天使岛北侧，当华人抵达旧金山时，一律送往天使岛隔离。拘留所外墙上围着铁丝网，并有荷枪实弹的警卫站岗监视，以防华人出逃。拘留所内的伙食奇差，每人每餐的伙食费只有8美分。不少人在回忆时使用"监狱"和"囚犯"字眼来形容当年受羁留的生活。关押移民的木屋设备十分简陋，一间面积有限的宿舍里摆满了双层或三层床，最多时曾容纳120多人。宿舍内有一个"开放式"的厕所，十多个马桶排成一列，中间没有门墙隔离。有些妇女在如厕时，为了不让别人认出她们，就把购物纸袋套在头上。

因为旧金山大地震摧毁了若干官方文件，使得一些华人以在美土生华裔公民子女之名入境美国时，大多经历了在天使岛上从数月至数年不等的漫长等待。有两首诗这样写道："埃伦居处日添愁，面亦黄兮肌亦瘦，留难折磨犹未了，最怕批消打回头。""花旗之国最富庶，凑足盘缠来美洲，风浪颠簸一月余，如今身陷牢狱苦，抬头望见奥克兰，但愿回乡荷耕锄，饥肠辘辘难入眠，聊写数行表心曲。"

140

141

1906 年 4 月 18 日，加州旧金山发生里氏 7.8 级强烈地震，并引发大火，绵延数英里，将大部分濒临倒塌的建筑烧毁，有千人被烧死或砸死，几十万人无家可归。频繁的余震使全市半数以上的居民只好在广场、公园里过夜。地震造成的损失超过 2 亿美元。旧金山的唐人街在地震中烧毁，华人损失惨重。由于华人在 1906 年还未能成为美国公民，没有选举权，不得购置物业，市长以此为由要求华人迁出旧金山市，后来在华裔社区全力争取和侨团首领的斡旋下，华埠得以保留重建权利。大地震使得华人入境资料毁于一旦，造成华人再次入境等方面的困难。[11]

1892 年，美国国会通过将 1882 年《排华法案》延长十年的法案。被誉为“华人中的马丁·路德·金”的王清福和一些华人在纽约成立了“美国华人平等权利联盟”，以示抗议。这是历史上最早的华人民权组织之一。1893 年 1 月，王清福代表该组织前往国会作证。他也成为最早到国会就《排华法案》作证的华人之一。“美国华人平等权利联盟”向美国人民发出了一封呼吁书，其中说：“美国是我们的家。…… 我们坚信，如想成为美国公民，只要人品好、身体好，就够资格了。”王清福认为，美国社会中的反华情绪来源于美国民众对中国人、中国文化的无知和误解。他在文章和演说中反复强调，美国人民应该了解和尊重中国文化及其道德价值，基督教文明和儒教文明在教人为善的道德原则上是基本相同的；基督教文化不应有独霸心态，不应排斥而是应当接纳其他文化。

> 1905年，西奥多·罗斯福总统在致国会的第五个年度咨文中主张公正地对待华人。他在谈及排除华人移民的歧视政策所造成的严重后果时说：“在努力执行排除华工（中国苦力）的政策时，我们国家过去对中国非常不公平，而且已经做了错事，所以最后还是对美国本身带来这些后果。”
>
> 1943年12月17日，美国总统富兰克林·罗斯福签署法令，废除《排华法案》。他说：“国会和个人一样，也会犯错误。我们要有足够的勇气承认过去的错误，并加以改正。”“通过废除《排华法案》，我们就可以改正一项历史性错误……使中国人比某些其他东方人占有较优越的地位……他们对荣誉和自由事业所作的伟大贡献，使他们理应得到这种优惠。”“要采取这种早就应采取的措施，以纠正过去对我们朋友不公正的行为。”

2012 年 6 月 18 日，美国国会众议院全票通过一项法案，为 19 世纪末 20 世纪初的排华法案等歧视华人的法律表示歉意。这个法案的通过连同上年底美国参议院的致歉法案，从国会立法程序上完成了法律手续，然而，这已经比 1943 年富兰克林 · 罗斯福总统宣布废除排华法案晚了几乎整 70 年。图为当日力促此议案在国会通过的美国华裔众议员赵美心（左三）在议案通过后与美国华人全国委员会主席薛海培（左二）等伸大拇指庆贺。 143

144

当年华工的遗骨在波特兰朗花墓地被发现。150 多年前那里是一片农场，一棵高大的枞树孤独地挺立着。当农场变成了墓园，枞树就成了墓园的标志。墓园的名称也由此而来——Long Fir's Cemetery。从 1891 年到 1928 年，有 1000 多名华人劳工被埋葬在这里。当地地方志记载：当时，大部分华工从事着修建铁路或者挖金矿这样繁重的下层体力劳动。在波特兰用来安葬拓荒者先驱的墓地，华工却是不能同他国人一起安葬的，而须隔离；墓区对所有的安葬者都有详细的登记，唯独没有华工的姓名，有的只是为统计人数需要而被加以标注的、一连串的“Chinaman”（中国人）。

朗花墓地是波特兰城内最早、最大的英雄纪念墓园，有四任州长和六任市长安葬在这里；墓园内除了葬有美国本土的移民先民外，还有日本、俄国、爱尔兰、中国等国家的移民先民。2003 年，地方政府决定将朗花墓地大楼和停车场作为商业用地拍卖，此举遭到朗花之友社的强烈反对。中华会馆保存的两本中文名册记载了 1891—1928 年埋葬在朗花墓地的华人，以及两次拣骨后返回故乡的亡灵，人们相信朗花坟场的大楼或停车场下很可能还残留有华人的遗骸。协商决定于 2005 年 1 月 11 日开工挖掘，查实是否存在遗骨。政府行政官员道歉说：“过去的历史曾经给华人带来了伤害，是一个错误。今天我们的责任就是，用最高度诚意的关心和敬意尊重华人，尊重亚裔社团的意见，纠正所发生的错误。” 1 月 19 日继续开挖，在大楼前的空地位置，4 英尺深的土层里，历史终于显露出了它真实的一面：棕红色的已经化成粉状的线条清晰地勾勒出棺木的形状，长度和宽度的比例都不大，上面有一些白色的粉末。考古专家推测棕红色的粉末可能是腐朽的棺木木屑，白色的粉末是原来棺木两边的金属把手。轻轻拨开白色粉末，立即看到已经变成褐色的排成一列的两截骨头。考古专家怀疑它们是孩子的手臂骨——前臂和后臂两截。在场的中国人亲眼见证了历史，那些与自己同出一源的先民的遗骨被深埋在地下，没有亲人来探视，没有纪念的墓碑，他们差一点就被历史遗忘，现在是到了应该为他们想想的时候了。

——田涛：“寻找华人先民的遗骨”，《南方周末》2005 年 3 月 3 日

145

美国内华达州拉夫洛克（Lovelock）镇博物馆展示的一组铁路建设者墓地的照片。

图中左侧是美国人的墓地，多数都有墓碑，刻有墓主姓名及生卒年月。右侧是华人墓地，非常简陋，没有任何文字记载，墓主姓名及生卒年月都无从得知。

146

该华人墓地里共有大约 40 个无名墓穴，他们逝于何时？为什么集中埋葬在此？由于此地几乎没有华人居民，据推测墓主应该都是 1868 年前后在此地修建铁路时牺牲的华工。

这是一个木围栏比较完整的华工墓。

147

148

旁边的美国人墓地，其中也有少数早期没有姓名的墓穴。最早的墓碑显示时间为 19 世纪 60 年代。

149

150

151

152

广东新会的“义冢”安葬了成百上千无人认领的当年赴美华工的遗骸。从 1992 年到 2001 年，侨乡广东新会先后发现了四处华侨义冢，分别是黄坑海槐华侨义冢、黄坑木山华侨义冢、黄坑大槐华侨义冢以及黄冲坑鹤嘴华侨义冢（即金牛山华侨义冢群），墓穴总数达 2500 多个。新会华侨义冢规模之大、落点与墓穴之多、墓主原侨居地域之广、坟墓保存之完好，均为全国罕见。华侨义冢是收埋无主华侨尸骸的墓地。据史书记载，华侨在国外去世后，侨居地的华侨社团捡拾其骸骨，运回家乡，由家属认领。无人认领的则由当地慈善机构集体安葬。这些义冢里的孤魂，曾在美洲和东南亚的土地上游荡，他们有着凄苦的身世，是华侨血泪史的缩影。

153

江门市新会区黄坑海槐华侨义冢群。

义冢群主碑上刻字显示："金山各埠先友骸骨运回本邑，自光绪十四年至十八年二月，除领回安葬外，尚存三百八十七具，于本年二月二十三日安葬与此。光绪十九年岁次癸巳仲春仁堂谨志。"

154

155

156

江门市文物保护单位——金牛山华侨义冢群及其说明碑。

金牛山华侨义冢群系民国时期由仁安医院建设，占地约 1500 平方米，目前清理发现近 1373 穴。该墓群数量多、保存好，为全国罕见，是新会现有规模最大的一处华侨义冢群。

叁

建设加拿大太平洋铁路的华工先锋

1867 年加拿大自治领建立，当时该国西部仍多是未经开发的荒野，贯通大陆东西的交通极不方便。1871 年，不列颠哥伦比亚（英文缩写为 B.C.，故又称卑诗）加入加拿大联邦，成为一个行政省，同时提出以修建贯通大陆、能将不列颠哥伦比亚与加拿大其他各省连接起来的太平洋铁路为协议条件。几经周折，1878 年加拿大议会决定修建太平洋铁路。1880 年 4 月，加拿大太平洋铁路开始动工兴建。铁路东起蒙特利尔，延伸到大西洋岸边的港口城市哈利法克斯；西延至温哥华市，全长 3800 公里，分为东、中、西三段，其中从落基山到太平洋海岸的西段工程十分艰巨。加拿大首任联邦总理麦克唐纳强烈主张雇用擅长修建铁路、工资低廉、易于管理的华人劳工。

据加拿大华人移民皇家调查委员会的报告说，1881 年 1 月至 1884 年 6 月，共有 15701 名华人进入加拿大，在铁路建设的四年间则达 17000 多人，其中 1 万多人是直接从中国来的。有记载称，1880 年 6 月至 1887 年 7 月间，有 2.5 万名中国人来到加拿大，占当时不列颠哥伦比亚省总人口的五分之一。加拿大太平洋铁路修建中最艰巨的工程是在雷夫斯托克至温哥华的 400 公里路段，特别是弗雷泽河与汤普森河最为崎岖的地带，两岸峭壁悬崖、重岩叠嶂，古木遮天蔽日，脚下无一寸平地。华工于 1882 年至 1883 年间，花了一年多的时间，在这一地区建筑涵洞 100 多个、桥梁数十座，开凿隧道几十公里。在筑路过程中，华工有死于工程事故的，如岩石爆破、隧道塌方、架桥落水；有死于积劳成疾和疫病流行的；甚至有受人为折磨虐杀的。仅 1882 年一次塌方，就有数十名华工被活埋。华工常在落基山中的密林荒野工作，山高水冷、熊罴出没，居住条件非常原始简陋，生活环境恶劣可怖。作家威廉在他写的《不列颠哥伦比亚建设者》一书中叙述说："他们全月的粮食供应是一袋米（50 磅），仅足以维持他们所从事的体力劳动消耗的一半。……1884 年，有 2000 华工名为死于坏血病，实际上是饥饿而死的。"在筑路的五年间，华工究竟死了多少人，难以精确统计。有人说整个弗雷泽河谷每一英尺铁路下面都有中国人的尸骨，称得上是"死亡河谷"。据《华人在 B.C.》一书估计，有 1500 名华工死于铁路建设中，正是"千岩万壑创新路，铁路华工泪斑斑"。1891 年，维多利亚中华会馆就从弗雷泽河谷收集到 300 具华工遗骨，运回中国安葬。

正是由于华工的艰苦劳动和重大牺牲，1885 年 11 月 7 日，加拿大太平洋铁路公司创始人之一唐纳德·史密斯才得以在不列颠哥伦比亚省的克莱拉奇地区砸下了"最后一枚道钉"，标志着北美最长的加拿大太平洋铁路的建成。它连接了加拿大的东部和西部，化解了不列颠哥伦比亚省加入美国的危机，也给加拿大的工商业发展带来极大的便利。17000 多名华工对加拿大的领土完整、繁荣昌盛作出了巨大贡献。

1885 年太平洋铁路竣工后，加拿大政府通过了《华人入境条例》。从那时起至 1923 年，中国移民入境必须缴纳"人头税"，数目从 50 加元一直涨到 500 加元。尽管如此，怀着发财致富梦的中国廉价劳力还是不断涌进加拿大。加拿大白人种族主义分子经常骚扰华人，1907 年，温哥华发生了大规模的捣毁华人商店、抢劫华人财物、殴打华人事件，滋事者声称"要白人的加拿大，不要廉价的亚洲劳工"。1923 年 6 月 30 日，加拿大政府正式通过了禁止华人入境的排华法案，规定除了商人、外交官员、留学生和个案以外，禁止华人进入加拿大境内。排华法案生效前已经进入了加拿大的华人，要向所住地区当局报到，每次出国最多只可在境外逗留两年。加拿大的排华法令阻止了华人入籍和其家属来加拿大团聚。据统计，1931 年至 1941 年的十年间，加拿大华人人口减少了四分之一以上，使得在加拿大处境本已十分困难的华人更加窘迫。由于大多数华人不能说流利的英语，往往避居唐人街，做些白人不愿从事的工作，如洗衣、三文鱼加工等主要靠出卖劳动力为主的"苦力"，也有一部分人经营餐馆、杂货店等。面对排华浪潮，在加华商创办了中华会馆、致公堂等社团，维护华人权益。直到 1947 年，加拿大国会才正式废除 1923 年的排华法案。

1967 年加拿大实施新移民法，华人第一次取得了平等的移民待遇，开始了华人移民加拿大的新时期。加拿大华人"单身汉社会"逐渐消失，新移民中儿童和青年人占 80% 以上，人口教育和文化素质有很大改善，开始改变长期以来屈居社会底层的地位。华人中大量专业技术移民的增加和华人留学生"移民化"，使华人成为加拿大教育程度和知识水平都比较高的新移民群体。同时，华人就业率高、就业面宽，白领职员的比例增加，其经济、政治地位明显提高。各地唐人街已不再是华人聚集的贫民窟，而是为华人提供商业、文化和社会服务的中心和展示中华传统文化的窗口，并以其特有的中华文化色彩，成为加拿大多元文化交流的一道风景。

横贯加拿大全境的太平洋铁路全长 3800 公里，跨越加拿大西北部大片小麦产区，穿越不列颠哥伦比亚省弗雷泽河谷。由穆迪港至老鹰隘口之间的 615 公里，是整条铁路最艰险的路段，主要是由华工修筑的。

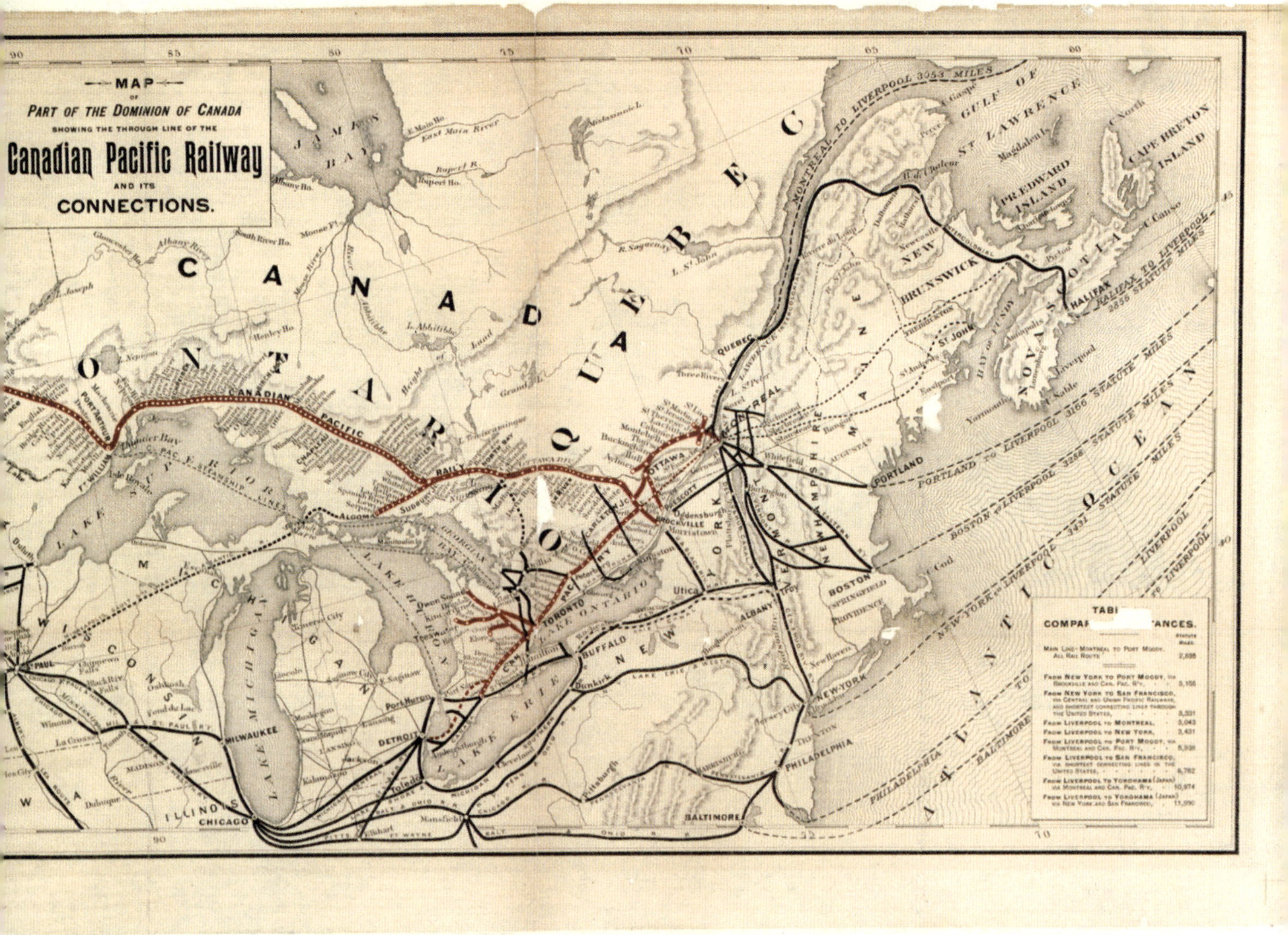

MAP OF PART OF THE DOMINION OF CANADA SHOWING THE THROUGH LINE OF THE

Canadian Pacific Railway

AND ITS CONNECTIONS.

157

158

早年到达维多利亚港的三桅木帆船。早期华工就是乘坐这样的船，在风力助推下，在太平洋上漂流几个月到加拿大的。帆船上淡水奇缺，粮食不足，多有病饿致死，故这种船也被称为“海上浮动地狱”。

华工漂洋过海，由香港到达美国、加拿大的路线图。

159

160

161

被誉为“加拿大铁路之父”的加拿大第一任总理麦克唐纳。1869 年横贯美国的太平洋铁路建成后，不列颠哥伦比亚地区出现了要求加入美国的呼声。他们提出，除非在十年内动工建设加拿大太平洋铁路，否则就加入美国。麦克唐纳满足了他们的要求，1871 年不列颠哥伦比亚加入了加拿大联邦。麦克唐纳卸任后，太平洋铁路议程陷于停顿。在麦克唐纳第二次任总理期间，太平洋铁路于 1881 年正式开工，1885 年建成。同年 6 月 28 日，第一列火车从蒙特利尔开往温哥华。铁路的建成对加拿大开发西部、促进自治领的统一和经济繁荣起到了重要作用。

162

麦克唐纳决定由富有经验的美国工程师安德东克来承包太平洋铁路最险要的西段工程。安德东克对华工这支勤劳而廉价的劳动力队伍有很好的印象，坚持雇用大批华工，认为唯有华工才能胜任。麦克唐纳力排众议支持这一决定，并强调“没有华工就没有铁路”。

163

安德东克建设太平洋铁路西部险段的合同。根据合同，仅仅耶鲁以东 17 英里（合 27.35 公里）内就需要打通 13 座隧道。如此艰巨的工程，没有坚韧不拔而廉价的劳动力是无法完成的。

164

165

166

在加拿大有一支常年风餐露宿、流离颠簸的马帮，运营着一条运送中国劳工的人力大动脉。图为驴子拉着矿车运送华工去修建加拿大矿山公路的情景。当开矿者不断朝北方移动寻找黄金时，交通问题越来越显现出来，一切物品都需要依靠人背或是用马驮。在 1862—1864 年间，有 1000 多名华人为修建矿山公路运送劳工和食品。他们吃苦耐劳、诚实可靠，而酬劳远比白人低廉。

167

来自中国南部的劳工在冰天雪地、深山老林中施工。

168

开山劈岭的华人施工队。

169

华工用双手凿开岩石，靠肩扛人背运来炸药，打通隧道。弗雷泽河谷有着世界上最坚硬的花岗岩，华工在崇山峻岭的峭壁上 1.5 英里（合 2.41 公里）的路程内，硬是掘挖出四个隧道。

170

华工当年修凿隧道的情景。

171

华工兴建跨越弗雷泽河铁路大桥的工地。仅在耶鲁以北到利顿之间就架桥 600 多座，其中最集中的在 30 英里（合 48.27 公里）内架设了近百座。为此花费了 4000 万吨木料和数以千吨计的钢铁，这些全由华工的双手搭建而成。

172

华工在兴建屹立在峡谷花岗岩中的铁路桥。

173

当地的报纸曾这样描述华工兴建铁路大桥的劳动场面："成千上万华工，犹如聚集的蚂蚁，以十字镐、铁锹及手推车为主要工具，忙碌在穆迪附近的山坡上。各种工具敲打铁木器件的声音，合奏出一曲生机勃勃的兴建铁路的乐章。"

174

1885 年前后在不列颠哥伦比亚省修建加拿大太平洋铁路的华工居住的工棚。1881—1884 年间，约有 1.7 万名华工为修筑加拿大太平洋铁路来到了不列颠哥伦比亚省。他们住在工棚、帐篷、货车里，住宿相当拥挤，饮食、生活环境恶劣。他们在露天烧饭，主要吃米饭和大马哈鱼干。由于收入极少，他们吃不上蔬菜和水果，许多人都病了。冬天气候寒冷，华工只能靠生火取暖。铁轨越铺越远，工人不得不移到新的工棚去。搬迁时，他们常常带着帐篷、生活用品等徒步 40 多公里去下一个工棚。华工做的是最累、最危险的工作，比如清扫路基、用火药开山等，但工资却是最低的。华工一天的工资是 1 加元，他们要靠这 1 加元购买食品、日常用品等来维持生计；而白人一天的工资是 1.5—2.5 加元，而且还不需要支付日常开销的费用。华工在工作中常常遇到山体崩塌、爆炸等，所以意外死亡的事故常有发生。一旦生病又得不到及时的治疗，许多华工只能依靠草药来医治。

175

加拿大太平洋铁路工地旁边的筑路华工工棚。尽管早在 1858 年就有华人进入不列颠哥伦比亚省一带淘金，然而华人真正大量涌入却是在 1880—1884 年之间，为的是修筑加拿大太平洋铁路。面对着贫穷、寂寞、歧视、艰险的工作和生活环境，华工以惊人的毅力坚持了下来。

176

19 世纪晚期，太平洋铁路公司的承包商从香港到中国广东农村，招募了 1 万多名劳工到加拿大太平洋铁路工地工作。图为 1889 年华工在罗杰斯关口西侧的铁路营房附近工作。

177

极其简陋的铁路华工之“家”。

178

中国筑路大军紧急集结，赶往新铁路工地。

179

日夜兼程的铁路华工大军。2000 名华工按照安德东克的指令，在 20 小时内赶到了 25 英里（合 40.23 公里）外的新建筑工地。

加拿大在 1885 年太平洋铁路通车后，继续完善国内的铁路系统。图为 1897 年加拿大不列颠哥伦 180
比亚省斯卡格威以北的本内特湖修建怀特山口—育空铁路的场景。

1882 年春，安德东克订购的 225 吨的“史古斯”号运输汽船在耶鲁镇附近的激流险滩受阻数周，动弹不得。足智多谋的华工建议，在陡峭的悬崖绝壁上打桩拴绳，将汽船锁定在激流中。100 多名华工在峭壁两边冒着生命危险，运用在三峡绝壁上拉纤的原理，众人齐心协力并借助汽船马达，终于闯过了“鬼门关”。华工受伤过半，公司决定放假一天庆祝胜利。

181

182

1885年11月7日9时22分，最后一枚道钉在连接太平洋铁路东西段的不列颠哥伦比亚省克莱拉奇敲定。这一天，在加拿大西海岸老鹰隘口附近的克莱拉奇，聚集了一大批兴高采烈的人。身穿礼服、头戴大礼帽的唐纳德·史密斯在大家的欢呼声中拿起铁锤，将加拿大太平洋铁路修筑工程中的最后一枚道钉敲进铁轨。从此，横跨加拿大的铁路大动脉将大西洋海岸与太平洋之滨连通。铁路线上著名的弗雷泽河谷从耶鲁到利顿的93.32公里路段，山体全是坚硬无比的花岗岩，直上直下，下面深深的河谷中激流飞溅，工人们要在悬崖峭壁上开凿出15条主要隧道，最长的一条有487.68米长。华工们在几乎没有立足之地的绝壁上凿洞，搭上栈道以便点炮崩山，险象环生！正是华工用自己的汗水和生命打通了落基山脉的崇山峻岭，将横跨加拿大的大铁路铺到了太平洋边上。可是，在庆功仪式上，没有看到一张华人的面孔。这些真正的筑路英雄却没有资格参加最后的通车仪式。历史记载了加拿大总理麦克唐纳的名言："没有华工，太平洋铁路不可能如期完工，也不可能有西部的开发。"

183

最靠前的黄金道钉为加拿大太平洋铁路公司横贯大陆铁路接驳处的最后一枚道钉。

184

1927 年，在当年铁路工程敲下最后一枚道钉处的原址上树立的钉子形状的纪念碑。

185

在距穆迪车站 544.65 公里处的最后一枚道钉原址上树立的纪念标牌。

186

第一列太平洋铁路列车 1886 年 6 月 28 日由蒙特利尔出发，于 7 月 4 日抵达西部穆迪站。从大西洋到太平洋的横贯加拿大的铁路全线通车，全程运行只需要 5 天 17 小时；而在 1883 年，这段路程则需要 8 天；在 1870 年有了美国联合太平洋铁路后需要 11 天，而铁路贯通前则需要 56 天。

在加拿大修筑这条横贯北美大陆的最长铁路过程中，有 1.7 万名华工参与，其中 4000 多人献出了 187
生命。图为修建加拿大太平洋铁路的华工。

188

1909 年前后在加拿大修筑铁路的一群华工。统一招募来的华工，大体上以同乡编队，每 30 人有一白人工头，另有登记员和厨师。他们的个人全副行装用一副扁担挑起就可以随队伍转移。

189

190

1875 年在弗雷泽河边洗金沙的华工。1855—1857 年间，美国加利福尼亚的探矿队沿哥伦比亚河北上，与温哥华岛的英属殖民地政府合作探矿。1857 年秋冬，在弗雷泽河与汤普森河中游一带发现大金矿。仅 1858 年 1 月至 8 月，就有 23408 人在维多利亚登岸，顿时掀起了“弗雷泽河淘金狂潮”。1858 年 5 月，一名参加过弗雷泽河金矿勘探的华人阿康回到旧金山，传播了“加拿大金山”的消息，加州华工随即大批涌进了弗雷泽河矿区。据估计，1858—1859 年，美西华工经陆路进入不列颠哥伦比亚的达 2000 人。这一时期，从美国来到加拿大追赶淘金潮的华人约有 4000 人。紧随其后的是从中国来的淘金者，他们大多是经香港的公司安排乘轮船来的，也有乘帆船来的。估计淘金时代不列颠哥伦比亚的华人最多时超过 1 万人。这些人大多数是由在旧金山和香港的外国公司或中国商人及其组织的会馆代为垫付船费而来的“赊单工”，他们至少在一定时期内是受债权人控制的“苦力”，一登岸便立即被用小船从维多利亚送到弗雷泽河矿区，完全没有选择职业的自由。

191

1897年，加拿大育空地区克朗代克的林恩河道聚集了大批淘金者。华工极少能在新矿点采矿，绝大多数是在西方人废弃了的老矿点重新采掘，称为“翻沙屎”。许多华人则受雇于西方人的矿业公司。华工的特点是从不要求平等的工资待遇，工资比白人低很多，从早到晚工作，淘得的金沙全由雇主收去。偶有私藏金沙的，一经发现便遭毒打，甚至可能有杀身之祸。估计淘金时期死亡的华工至少有1500人。华工一般结队而行，在河流及其支流的堤岸上支起营幕居住，通常被称为“中国营”。加拿大的淘金主要是用盘子或箩筐等容器，将河中的沙土铲入，然后在水中不停地摇动，冲走较轻的杂物，再细心地洗掉其他沙石，较重的金沙便留在容器里。矿工们整天泡在水里，劳动是很辛苦的，一般至少淘洗50盆（次），才能勉强挣到维持生活的费用。河流表面的金沙淘光后，要将河流改道，再深挖下层的金坑，或到深山掘井采金。华工的工资十分微薄，无充足的食物，一瓶从家乡带来的咸虾酱要吃两三年。他们睡在简陋的木屋地板上，不少华工伤腰折背而致残，或因水土不服被痢疾夺去生命，或被土著居民和白人流氓殴打、劫掠、杀害。许多人终生辛劳，一贫如洗，无钱回国，只得望洋兴叹：“皓首留异域，妻儿倚门闾。”

弗雷泽河上游一金矿区以其发现者的名字命名为“巴克维尔”，它很快就发展成为金矿地区的首府，人口最多时达 2 万余人，华人最多时达 8000 人。这里华人商店、餐馆、赌馆、烟馆林立，成为当时旧金山以北、芝加哥以西最兴旺发达的城镇。现在，这里建起了华人历史博物馆，是华人在加拿大作贡献的见证。除了弗雷泽河和汤普森河之外，凡发现金矿的地方，都有华人的足迹。如 1865 年不列颠哥伦比亚南部与美国毗邻的老士岭发现金矿后，华人进入这一矿区的有 2000 人。1871 年后，华人冒险前往终年积雪的北部卡沙亚和拉克顿一带采矿。淘金华人活动范围很广，史料记载，淘金时代华人活动的城镇有 43 处。图为 1897 年加拿大克朗代克淘金潮期间的淘金大城——道森。 192

193

1886 年前后，不列颠哥伦比亚省的维多利亚华人社区里的房子。[12] 加拿大太平洋铁路 1885 年竣工后，铁路工人需要新的工作。除几千名华工返回中国以外，多数华工因付不起回家路费，只能留在不列颠哥伦比亚省，主要是在维多利亚、温哥华。一些人居住在铁路沿线的小城镇里，还有一些人在富有的白人家里做花匠、厨师、佣人等。在东部，华人主要居住在城市或小城镇里，以开洗衣房、饭店、咖啡店谋生。这些行业不需要太多的钱、良好的英语或特殊的技能。一些工人在现在被称为艾伯塔的矿区找到了工作，另外一些工人则在农场、家畜养殖场工作。

194

19 世纪末维多利亚的唐人街。早期的中国移民到达维多利亚后，渐渐形成了自己的社区。多数男性去金矿工作，剩下的人则在后方为那些在金矿工作的人供应食品和生活用品。由于收入微薄，居住在维多利亚的华人被迫拥挤地住在只有几条马路大小的区域内，即所谓的“唐人街”。在唐人街中有百货店、供寄宿的房屋，还有理发店、草药店、洗衣房和咖啡店等。唐人街里有华人联合会，专门帮助新来的人寻找住处和工作。这些华人联合会还为他们的成员开设语言学校，提供法律援助、贷款等。早期在加拿大的华人绝大多数为男性，许多人都很寂寞，唐人街的华人联合会也提供专门的场所供他们聊天打发时间。19 世纪 60 年代后期，维多利亚的唐人街上，除广利和泰生两大商行外，还有八家杂货店、八家洗衣店、一家西餐馆、一家菜店和一家腌鱼店等。维多利亚很快变成了一座繁华的城市。

195

这是一幢载入吉尼斯世界纪录的世界上最窄的商厦。它仅宽 6 英尺（合 1.83 米），位于温哥华的中国城，由华裔森记杂货公司老板建于 20 世纪初。当时的市长将原定 30 英尺（合 9.15 米）的大厦限制在 6 英尺内，于是便出现了这幢在狭窄夹缝中求生存的“商厦”。

196

20世纪初不列颠哥伦比亚省金伯利的唐人街。这里设施简陋，空气污浊，公共卫生条件极差。梁启超在《新大陆游记》中描述纽约贫民窟的情景时说："当暑时，老妪、少妇、童男、幼女，各携一人，箕居户外，街为之塞。衣服褴褛，状貌猥琐。""一座楼中，就局者数十家，其不透光、不透气者过半，燃煤灯昼夜不息，入其门，秽臭之气扑鼻。"与这里唐人街的状况十分相似。惟这里女性很少，单身男子极多，晚景凄凉。

197

1868年9月，不列颠哥伦比亚地区早期华人社区里的洗衣房。由于矿工日益增多，各种服务性行业应运而生。一般说来，做饭、洗衣都是由女性来承担的，但是由于矿区绝大多数为男性，华人男子就变成了厨师、洗衣工。咖啡店、洗衣房开设在一些小的矿区和工棚附近，商店里供应中国食品和华工需要的产品。另外一些华人变成鱼类加工厂的工人、蔬菜种植者、佣人和小商贩等。

198

加拿大渔业发达，凭借华工的廉价劳动力和太平洋铁路的运输，罐头加工业得到快速的发展。图为华工在加拿大罐头厂生产线上工作。

199 

20 世纪初的华人“SAM WING”洗衣店。

200

一名华人用传统的扁担、竹箩筐挨家挨户送蔬菜。

201

在夹缝中谋生存、惨淡经营的华人"YAN WAR"小店。

202

太平洋铁路迄今已经平稳地运行了一个多世纪，这是一条用生命和鲜血铸成的大动脉。沉默的华工为加拿大的统一和经济开发献出了自己的青春年华以至生命，是加拿大走向现代化的名副其实的开路先锋。

203

1886 年 7 月麦克唐纳总理夫妇乘专列从渥太华到穆迪，途经不列颠哥伦比亚省密欣站的情景。

ACTS

OF THE

PARLIAMENT

OF THE

DOMINION OF CANADA

PASSED IN THE SESSION HELD IN THE

THIRTEENTH AND FOURTEENTH YEARS OF THE REIGN OF HIS MAJESTY

KING GEORGE V

BEING THE

SECOND SESSION OF THE FOURTEENTH PARLIAMENT

Begun and holden at Ottawa, on the Thirty-first day of January, 1923, and closed by Prorogation on the Thirtieth day of June, 1923

HIS EXCELLENCY THE MOST NOBLE

JULIAN HEDWORTH GEORGE, BARON BYNG OF VIMY

GOVERNOR GENERAL

VOL. I

PUBLIC GENERAL ACTS

OTTAWA

PRINTED BY F. A. ACLAND

LAW PRINTER TO THE KING'S MOST EXCELLENT MAJESTY

ANNO DOMINI 1923

VOL. I—1

204

1923 年 6 月 30 日加拿大国会通过的《排华法案》封面。加拿大的排华法案共有 43 条，华人称之为“43 苛例”，主要内容有：中国人或具有中国血统的人，一律禁止以移民身份进入加拿大；准许进入加拿大的中国人只限外交人员及其随从、正式商人和大学留学生；现居留在加拿大的华人，不管是否加国公民，必须于该法实施后 12 个月内向移民局登记，违者罚款最高额 500 元，或监禁 12 个月，或两者皆罚；加拿大华人离境者以两年为限，逾期不得重返加拿大；华人以温哥华一处为入境口岸，轮船每载重 250 吨只许运载一个华人入境。这一法案基本上排除了华人移居加拿大。据统计，1923 年至 1947 年的 24 年间，进入加拿大的华人共有 1424 人，而其中符合移民身份的仅有 15 人，平均每年不到 2 人。1931 年至 1941 年的十年间，加拿大华人人口从 46519 人降至 34627 人，减少了约 12000 人。

205 

1879年4月26日加拿大《新闻画报》刊登的一幅漫画，图中政客在驱逐一华人出境。

1907年9月初，加拿大不列颠哥伦比亚省发生了排华骚乱。上万名白人在排华团体的煽动下，集会于温哥华市政厅，高呼“我们要白人的加拿大，不要廉价的亚洲劳工”等种族主义口号。会后，一群暴徒带着武器闯入唐人街，捣毁华人商店。华人财物被洗劫一空，许多逃避不及的华人被殴打致伤，损失惨重。

206 

207

NUMBER 92056

NEW C.I.5 SERIES

DOMINION OF CANADA

IMMIGRATION BRANCH — DEPARTMENT OF THE INTERIOR

RECEIVED FROM

Wong Shee (Mrs. Pon Jing Chong) whose photograph is attached hereto, on the date and at the place hereunder mentioned, the sum of Five Hundred Dollars being the head tax due under the provisions of the Chinese Immigration Act. The above mentioned party who claims to be a native of ... in the District of ... of the age of ... years arrived or landed at Vancouver on the 14th day of March 1922 ex ... The declaration in this case is C.I.F. No. ...

Dated at Vancouver on March 22nd 1922

CONTROLLER OF CHINESE IMMIGRATION

1885 年加拿大太平洋铁路完工之后，加拿大政府开始向入境的华人收取每人 50 加元的人头税，1900 年增加到 100 加元，1904 年猛增到 500 加元（这个数目相当于 2003 年的 8000 加元）。从开征以来至 1923 年，加拿大从这项收入中共获 2300 万加元。据说，矗立在维多利亚的省政府联合大厦便是用此款项建造的。按照 1880 年太平洋铁路公司以每英亩土地 2.50 加元的价格卖给居民的标准，500 加元可以买 200 英亩土地。华人是当时唯一须支付税金才能进入另外一个国家的人群。图为 1922 年铁路华工盘欣昌之儿媳缴纳人头税的收据。[13]

208

20 世纪初，华人在太平洋海岸修建了客死他乡的先人们的墓地。这些献身加拿大建设的华工魂系东方故土，他们默默地凝视着浩瀚的太平洋，期盼亲人们的招魂。

209

ACTS

OF THE

PARLIAMENT

OF THE

DOMINION OF CANADA

PASSED IN THE SESSION HELD IN THE

ELEVENTH YEAR OF THE REIGN
OF HIS MAJESTY

KING GEORGE VI

BEING THE

THIRD SESSION OF THE TWENTIETH PARLIAMENT

Begun and holden at Ottawa, on the Thirtieth day of January, 1947, and closed by Prorogation on the Seventeenth day of July, 1947.

FIELD MARSHAL THE RIGHT HONOURABLE

VISCOUNT ALEXANDER OF TUNIS

GOVERNOR GENERAL

PART I

PUBLIC GENERAL ACTS

OTTAWA
PRINTED BY EDMOND CLOUTIER, C.M.G., B.A., L.Ph.,
LAW PRINTER TO THE KING'S MOST EXCELLENT MAJESTY
ANNO DOMINI 1947

第二次世界大战期间，中国和加拿大是反法西斯的同盟国。1947 年 6 月 17 日，加拿大国会正式废除了 1923 年《华人移民法》。未获公民权的加拿大华人居民可以入籍，凡取得公民资格的华人可以申请他们的配偶和未满 18 周岁的子女来加团聚。从此，加拿大不再有专门对付华人移民的立法。从 1947 年至 1967 年这 20 年的解禁放宽时期，共有 35892 名华人移民到加拿大。1967 年 10 月 1 日，加拿大新移民法开始实行，华人第一次取得了与其他族群同等的移民待遇，开始了华人移民加拿大的平等时期。

210

2006 年 6 月 22 日，加拿大总理哈珀就带有种族歧视色彩的“人头税”政策向全加华人正式道歉，并宣布将向受害者进行象征性补偿。图为哈珀在众议院宣读道歉声明。哈珀说，华人在加拿大建国初期的最重要工程——太平洋铁路的建设中发挥了关键性作用，大约 1.5 万华人参与了工程建设，至少 1000 多人在施工中丧生。“如果没有华人工人的参与，就不可能有今天的加拿大。”哈珀指出，1885 年太平洋铁路竣工后，加政府没有让任何华工参加敲入最后一枚道钉的庆祝仪式，反而开始为限制华人入境而征收“人头税”，这种做法是“极其不公正的”。加政府已经深刻认识到“人头税”政策给华人带来的耻辱和痛苦，他谨代表全体加拿大人和政府向华人表示真诚道歉，同时也为 1923 年“人头税”停征后实施的《排华法案》表示最深切的悔过。平反仪式在加拿大各大电视台全程现场直播，并提供英语、法语和汉语等同声传译。300 多名“人头税”受害者及其家属、华人社区代表应邀见证了这一历史性时刻。参加平反仪式的有七位尚健在的人头税受害者，其中年龄最大的是 106 岁的李龙基先生，最小的马林笑容女士也已 85 岁。

211

2006 年 6 月 16 日，一名“人头税”付款人、一名苦主遗孀和七名后人代表由温哥华出发，登上开往渥太华的火车，准备 22 日前往国会见证加拿大总理哈珀就“人头税”问题向全加华人正式道歉的历史时刻。图为“人头税”苦主马林笑容携带象征当年华人修筑加拿大太平洋铁路的最后的道钉一同上路，准备在平反仪式上移交给加联邦政府。

212

2006 年 10 月 20 日，加拿大联邦政府在温哥华举行华裔“人头税”象征性赔偿支票递交仪式，首批五位“人头税”付款人分别获得 2 万加元的赔偿。图为时年 99 岁的关祥国（右）和 97 岁的孙庆焜领取支票时的情形。

213

2016 年 6 月 22 日是加拿大联邦政府就 100 多年前向华人征收“人头税”和排华法案等问题向全加华人正式道歉 10 周年，多伦多市举行纪念活动铭记历史。图为多伦多市长庄德利（John Tory，中）带领多位市议员出席纪念活动并颁发铭牌，肯定华裔社区对多伦多、对加拿大的突出贡献。

肆

华工奉献
丰碑永存

美国、加拿大太平洋铁路是近代工业化的标志性产物，对巩固两国的国家统一、加速北美经济的发展和大国的崛起，其历史性贡献已经为越来越多的人所认识。历史已经跨入 21 世纪的信息时代，数以万计沉默的华工为完成铁路的最艰巨工程付出的巨大辛劳和重大牺牲，不应被人们遗忘。

美国和加拿大领导人多次高度赞扬华工建设美国和加拿大太平洋铁路的历史贡献，学术界、教育界等各界人士也日益重视这段历史的研究并予以公正的评价。近些年来，中国国家和政府领导人在访问美国时，也都强调了华工建设太平洋铁路的丰功伟绩。1997 年，时任中国国家主席江泽民访问美国时，在乔治 · 布什总统图书馆礼堂发表演讲说 ："中国同加利福尼亚州的友好交往源远流长。中国移民早就来到美国，并为开发西部作出了巨大的贡献。""许多中国人参加了美国的建设事业。"2003 年 11 月 21 日，温家宝总理在中南海紫光阁接受《华盛顿邮报》总编唐尼的采访，在谈到华工修建太平洋铁路时，他说 ："我们两个伟大的国家，交往的历史已经有 200 年了，跨越了三个世纪。""19 世纪 60 年代，中国数以万计的华工参加了美国横贯东西部大铁路的修建工作。他们不顾严寒、饥饿和待遇菲薄的恶劣条件，当别的建筑队伍都撤下来的时候，只有中国这支队伍坚持到底。最后一根枕木是由四位华工铺上的。无数人为这个工程献出了生命。"2015 年 9 月 23 日，中国国家主席习近平访美期间在西雅图出席美国侨界欢迎招待会并发表讲话，他说 ："今年是美国太平洋铁路修建 150 周年。150 年前，数以万计的华工漂洋过海来到美国，参与建设这条横跨美国东西部的铁路。他们拿着简陋的工具，在崇山峻岭和绝壁深谷中逢山开路、遇水搭桥，以血肉之躯铺就了通往美国西部的战略大通道，创造了当时的工程奇迹，带动了美国西部大开发，成为旅美侨胞奋斗、进取、奉献精神的一座丰碑。"

为了永远缅怀这些"沉默的道钉"，美国和加拿大一些城市和社团组织在许多具有象征意义的地点为他们立碑纪念，表彰华工对太平洋铁路建设的贡献。1964 年，美国内华达州庆祝建州 100 周年之际，建立了华工纪念碑，碑文写道 ："华人先驱，功彰绩伟。开矿筑路，青史名垂。"州长还宣布今后每年的 10 月 24 日为"向华人先驱者致敬日"。1969 年，太平洋铁路通车 100 周年时，美国犹他州立碑纪念，上面写着“丰功伟绩，横贯美国”。1982年于加拿大不列颠哥伦比亚省耶鲁树立的中华铁路华工纪念碑上记载着：“十九世纪八十年代初，承包商翁得路·安德东克自中国招来数以千计之华工，协助加拿大太平洋铁路公司横越卑诗省群山之铁路，太平洋与克瑞极拉契之间一段工程，工人中华人居三焉。华工优异，然日入仅一元，为白种工人薪给之半，又因工程凶险，诸多艰苦，其亡于疾病及事故者累百……”1989年，加拿大政府为纪念建设太平洋铁路的华工而修建了多伦多铁路华工纪念碑，碑文写着：“一八八零年至一八八五年间，来自中国广东省，参加建筑穿越加拿大落基山险恶地区西段铁路的劳工，达一万七千名。他们离乡背井，甘冒恶劣环境，超时辛勤工作，使这铁路在当时人力及财力困难情况下，得以建成。因工丧生者逾四千名。铁路竣工后他们劳力再无需要。数以千计贫困无依，无力返回中国故土，沿着新成铁路线流落。在加拿大历史中全部湮没无闻。对这些为加拿大开发有功的铁路华工，谨建此像，永志纪念。”1991年，美国伊利诺伊州政府向中国上海捐赠了一座由3000枚道钉组成的中国铁路工人纪念塔，上面写着：“中国建路工人所作的贡献是连接美国东西海岸并促成其国家统一的一个极重要的因素。”1997年，加拿大温尼伯市修建了铁路华工纪念碑，上面写着“表彰加太铁路华工向加国贡献之血汗功绩”。2003年美国加州圣路易奥比斯波树立的纪念雕塑上写着“开路先锋”。同年在温哥华华埠树立的纪念碑上写着“加华丰功光昭日月，先贤伟业志壮山河”。每一座丰碑，都铭刻着华工先辈们的功绩，都承载着深厚的情谊。

中国工人的功绩不仅刻写在纪念碑上，还有专门的纪念币和纪录片问世，如加拿大皇家造币厂发行了一套两枚“2005铁路华工纪念币”，以纪念加拿大太平洋铁路建成120年；美国制作纪录片《成为美国人》，加拿大制作纪录片《枫骨中华魂》等。更有美国、加拿大许多博物馆、图书馆收藏了大量有关华工建设太平洋铁路的文献和图片。

214

1972年2月21日，美国总统尼克松访华，他在首都机场与周恩来总理握手时说："一个时代结束了，另一个时代开始了。" 当天毛泽东主席会见了尼克松，两国领导人的巨手终于握到了一起，这是中美两国领导人越过一个大洋、越过相互敌对20多年的握手。尼克松对毛泽东主席说："历史把我们带到一起来了。这个突破将不仅有利于中国和美国，而且有利于今后多年的全世界。" 2月28日，中美上海公报发表，中美关系从此揭开了崭新的一页。

215

1970 年 10 月，中华人民共和国政府和加拿大政府发表关于中加两国建立外交关系的联合公报，决定自 1970 年 10 月 13 日起互相承认并建立外交关系，从而翻开了中加两国友好关系的新篇章。图为 1972 年 8 月 28 日周恩来总理亲切会见加拿大华裔教授林达光。林达光（1920—2004），祖籍广东新会，生于加拿大温哥华，曾任加拿大麦吉尔大学教授、亚洲语言及文学系主任、东亚研究所所长兼加拿大亚洲研究学会主席、加中友好协会主席，为加中友谊作出了杰出贡献。

216

1979 年 1 月 29 日，美国总统吉米 · 卡特在白宫举行仪式，欢迎邓小平来访。卡特在担任美国总统期间曾高度评价华裔对美国的贡献，他对邓小平说过："华裔人数之少，与其对这个国家贡献之大，不成比例。"

217

1998 年 6 月下旬，美国总统克林顿首次访华，他高度赞扬了中国移民对美国发展的贡献。他说："有 100 多万美国人可将他们的根追溯到中国。每天，美籍华人作为企业家、建筑师、艺术家和公务员，都在为建设一个更美好的美国而工作。"

前中国国务院新闻办公室主任赵启正 2003 年 8 月 30 日上午在华盛顿全美新闻俱乐部发表题为“中国人眼中的美国和美国人”的演讲，他说：“铁路建设是美国经济起飞的发射台，但现在很少有人知道这条大铁路的动工是与华工的巨大贡献连在一起的。”在修建太平洋铁路西段的关键时刻，“在严寒的冬天，当别的施工队伍撤下来的时候，华工继续勇敢地西进，在美国广大的荒凉的西部修建铁路”。

340　　214. 马克思致恩格斯（1869 年 8 月 10 日）

登在附刊上的威廉的这部分演讲（在柏林作的[287]）虽然内容是愚蠢的，但仍表明他善于用不可否认的巧妙手法把事情说得娓娓动听。而这是很妙的！由于只能把国会当作鼓动工具，所以决不能在那里为某种合理的东西和直接涉及工人利益的东西进行鼓动！勇敢的威廉的幻想实在令人神往：因为俾斯麦“喜欢”使用和工人友好的词句，所以他就不会反对真正符合工人利益的措施！“好象”——如布鲁诺·鲍威尔所说的——瓦盖纳先生没有在国会中宣布他在理论上赞成工厂法，而在实际上反对工厂法，“因为这种法律在普鲁士的情况下是没有益处的”！“好象”俾斯麦先生如果真正愿意并且能够替工人做点什么的话，那他就不会在普鲁士本国强迫实行现存的法律！仅仅因为在普鲁士会这样做，所以自由主义的“萨克森”等地区就不得不跟着学。威廉并不了解，现在的各国政府尽管向工人谄媚，但是它们清楚地知道，它们唯一的支柱是资产阶级，因此它们可以利用和工人友好的言词去恐吓资产阶级，但是决不可能真正反对它。

这个畜生相信未来的“民主国家”！而且所想到的时而是立宪制的英国，时而是资产阶级的美国，时而又是可怜的瑞士。“它”丝毫没有革命政策的概念。他——跟在士瓦本的迈尔的后面——拿来作为民主制的活动能力的证明的是：通往加利福尼亚的铁路建成了。但是这条铁路之所以能建成，是由于资产者通过国会赠送给自己大量“民地”，也就是说从工人那里剥夺了这些土地，是由于资产者输入了中国苦力来压低工资，最后是由于资产者建立了一个新的支系——“金融贵族”。

其次，我认为威廉真是厚颜无耻，竟把你的名字和我的名字同布拉斯的事扯在一起。[310] 我曾经公开反对过他同布拉斯来往，同

214. 马克思致恩格斯（1869 年 8 月 10 日）　　341

时十分明确地警告过他，如果引起争吵，我们要公开宣布不同意他的言行。

丹尼尔·笛福的《一个骑兵的回忆录》[311]中的以下几段话也许会使你感兴趣：

（1）在谈到红衣主教黎塞留在里昂阅兵时，他说：

“法国的步兵同我后来所看到的德国和瑞典军队中的步兵相比，不配称作士兵。但是，如果把他们同萨瓦的军队和意大利的军队相比，他们却是好的士兵。”

（2）他谈到古斯达夫·阿道夫开始干预德意志的肮脏事时的情况：

“起初，他们〈德意志信奉新教的邦君们〉愿意同他联合，至少他们根本不愿意追随皇帝，他们对皇帝的权势怀有当然的戒心；他们希望瑞典人成功，如果由别人来替他们干，他们会感到非常高兴；他们作为真正的德意志人，宁愿被救，而不愿自救。正因为如此，他们才踌躇不前和遵守条约。”

希望下星期一见到你。

祝好。

摩尔

不要忘记把我丢在你们那里的一个小笔记本捎来。那里面有我记的几段笔记。也不要忘记可敬的杜林的著作。

316　　136. 致海·施留特尔（1892 年 3 月 30 日）

我觉得，美国本地工人的特殊地位是你们美国的一大障碍。1848 年以前，固定的、本地的工人阶级还只能说是一种稀罕现象；当时，这个阶级为数不多的人最初在东部城市里还有可能指望变成农民或者是资产者。现在，这样一个阶级已经发展起来了，并且大部分人加入了工联。但它仍旧处于贵族式的地位，并且只要有可能，就把不需要掌握专门技术的低工资工作给移民去做，这些移民只有很少一部分人加入了贵族式的工联。但这些移民分属于许多个民族，他们之间语言不通，大部分人连美国话也不懂。而你们国家的资产阶级比奥地利政府又更善于挑拨一个民族去反对另一个民族——挑拨犹太人、意大利人、捷克人等等去反对德国人和爱尔兰人，挑拨每个民族的人去反对所有其他民族的人。因此我认为，纽约工人生活水平的差距之大是其他地方闻所未闻的。此外，在纯资本主义基础上发展起来的、毫无安宁闲逸的封建背景的社会，对在生存斗争中濒于死亡的人完全无动于衷。说什么这些可憎的“荷兰人”①、爱尔兰人、意大利人、犹太人和匈牙利人本来已经够多了，已经超过了我们的需要，而在后面还有中国约翰②，他的生存能力远远超过其他所有的人，什么东西都能用来充饥。

在这样的国家里，往往在出现涨潮之后出现退潮，这是必然的。不过涨潮越来越猛，而退潮所起的作用则越来越小，所以整个说来，事情还是在前进。有一点我认为是无疑的：毫无资本主义以前的糟粕的纯资产阶级的基础，以及与此相适应的、甚至在把税率提高到荒谬程度的现行保护关税制[283]中也表现出来的巨大发展力量，有朝一日必定会导致震惊全世界的转折。一旦美国人开始

① 当时在美国称德国人为“荷兰人”。——编者注

② 在美国给中国人起的绰号。——编者注

137. 致劳·拉法格（1892 年 4 月 4 日）　　317

做了，他们就会以巨大的力量和飞快的速度做下去，使我们欧洲人相形之下显得十分幼小。

致衷心的问候。

你的　弗·恩格斯

［路·考茨基的附笔］

亲爱的施留特尔：

一般说来，妇女不轻易启齿，因而也不随便献殷勤，除非她有所需求。我很想弄到一些美国妇女争取公民权利运动的确切材料，即有关各州不仅在学校和市政选举方面、而且在政治等选举方面的选举权和特殊权利的材料。我，也就是说将军为我从左尔格那里弄到了两份最重要的女权主义者的机关刊物——《妇女报》和《妇女论坛报》。但我需要的东西还要多一些——我需要一本扼要而详尽地叙述妇女争取公民权利运动的历史发展的书，而不是妇女公民权利的捍卫者倾吐的那些枯燥得要命的东西。那本书您……①

137

致劳拉·拉法格

勒 - 佩 勒

1892 年 4 月 4 日于伦敦

亲爱的劳拉：

今天只写几句话，为的是请你留心一下《闪电报》。星期五②早上，突然来了不速之客艾米尔·马萨尔，他要我为这家变化无常的报纸发表一次谈话。我同意了，因为他答应把记录稿给我看，同时我还想到这样可以回击一下巴黎庸人们。昨天我看了这份记录

① 附笔的结尾部分残缺。——编者注

② 4 月 1 日。——编者注

219

马克思和恩格斯都曾高度关注华工参与建设北美太平洋铁路。1869 年 8 月 10 日，马克思在写给恩格斯的信中说，通往加利福尼亚的铁路的建成是和“输入中国的苦力”分不开的。1892 年恩格斯在给友人的信中也指出，中国移民的“生存能力远远超过其他所有的人，什么东西都能用来充饥”。[14]

220

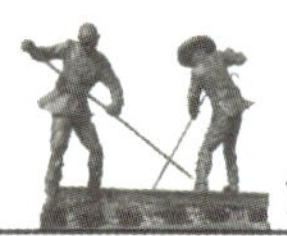

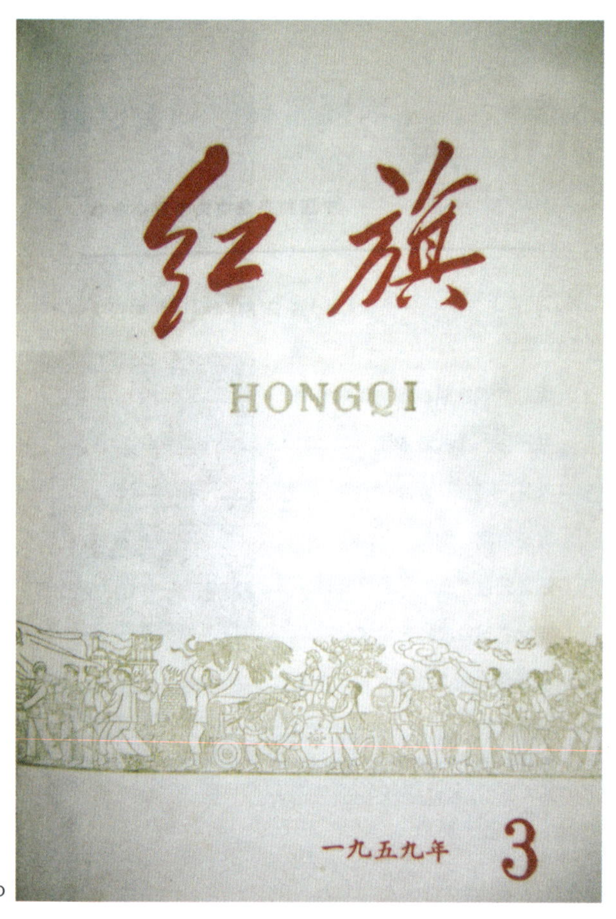

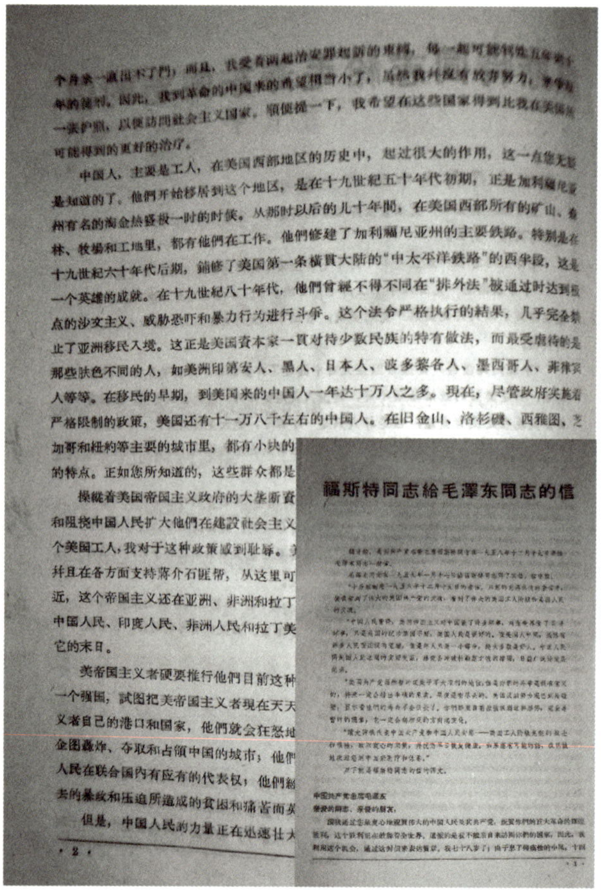
可能得到的更好的治疗。
中国人，主要是工人，在美国西部地区的历史中，起过很大的作用，这一点您无
是知道的了。他們开始移居到这个地区，是在十九世紀五十年代初期，正是加利福尼
州有名的淘金热盛极一时的时候。从那时以后的几十年間，在美国西部所有的矿山、森
林、牧場和工地里，都有他們在工作。他們修建了加利福尼亚州的主要鉄路。特别是在
十九世紀六十年代后期，鋪修了美国第一条横貫大陆的“中太平洋鉄路”的西半段，这是
一个英雄的成就。在十九世紀八十年代，他們曾經不得不同在“排外法”被通过时达到
点的沙文主义、威胁恐吓和暴力行为进行斗爭。这个法令严格执行的結果，几乎完全禁
止了亚洲移民入境。这正是美国資本家一貫对待少数民族的特有做法，而最受虐待的是
那些肤色不同的人，如美洲印第安人、黑人、日本人、波多黎各人、墨西哥人、菲律宾
人等等。在移民的早期，到美国来的中国人一年达十万人之多。現在，尽管政府实施着
严格限制的政策，美国还有十一万八千左右的中国人。在旧金山、洛杉磯、西雅图、芝
加哥和紐約等主要的城市里，都有小块的
的特点。正如您所知道的，这些群众都是
操縱着美国帝国主义政府的大垄断資
和阻挠中国人民扩大他們在建設社会主义
个美国工人，我对于这种政策感到耻辱。
并且在各方面支持蒋介石匪帮，从这里可
近，这个帝国主义还在亚洲、非洲和拉丁
中国人民、印度人民、非洲人民和拉丁美
它的末日。
美帝国主义者硬要推行他們目前这种
一个强国，試图把美帝国主义者現在天天
义者自己的港口和国家，他們就会狂怒地
企图轰炸、夺取和占領中国的城市；他們
人民在联合国内有应有的代表权；他們総
去的暴政和压迫所造成的貧困和痛苦而
但是，中国人民的力量正在迅速壮大
·2·

福斯特同志給毛澤东同志的信

中国共产党主席毛澤东
亲爱的同志、亲爱的朋友：
·1·

221

美国历史学家和政治家威廉 · 福斯特高度赞扬华工开发美国西部的贡献。他在 1958 年 12 月 19 日写信给毛泽东主席说 ：“中国人，主要是工人，在美国西部的历史中，起过很大的作用，”“他们开始移居到这个地区，是在 19 世纪 50 年代初期，正是加利福尼亚州有名的淘金热盛极一时的时候。从那时起的数十年间，在美国西部所有的矿山、森林、牧场和工地里，都有他们在工作。”中国人“修建了加利福尼亚州的主要铁路。特别是在 19 世纪 60 年代后期，铺修了美国第一条横贯大陆的‘中央太平洋铁路’的西半段，这是一个英雄的成就。”[15]

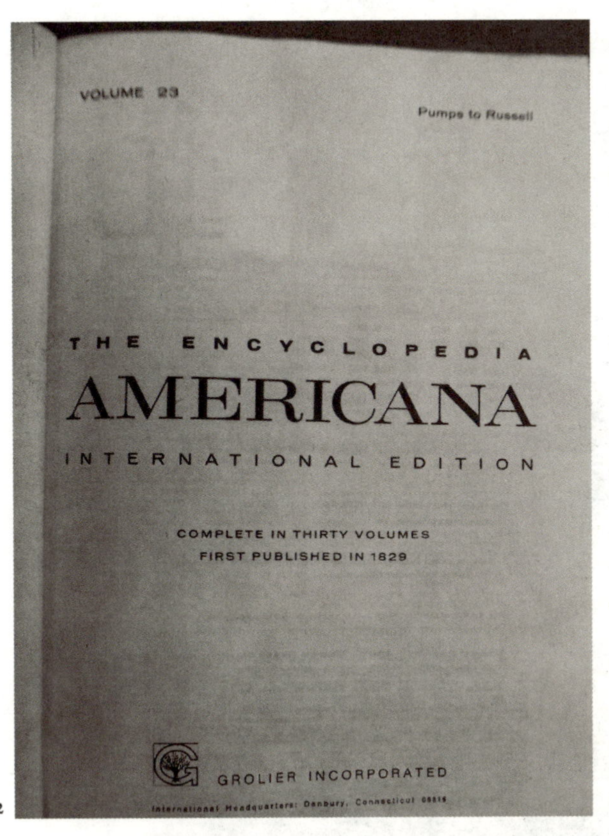
VOLUME 23

Pumps to Russell

THE ENCYCLOPEDIA

AMERICANA

INTERNATIONAL EDITION

COMPLETE IN THIRTY VOLUMES

FIRST PUBLISHED IN 1829

GROLIER INCORPORATED

International Headquarters: Danbury, Connecticut 06816

222

223

1860 年美国铁路总长度为 30626 公里，1870 年为 52922 公里。美国内战期间，铁路是长距离快速运送部队和军事器材的唯一有效工具。内战结束后，铁路发展进入狂飙时期，1890 年铁路总长度增加到 163597 公里，对于美国近代工业化的完成起了开路先锋的作用，而横贯美国大陆的五条太平洋铁路和华人的贡献密不可分。对此，《美国百科全书》、《大英百科全书》、《中国大百科全书》、《海外华人百科全书》等权威工具书均有说明。图为《美国百科全书》中关于中央太平洋铁路的论述。[16]

224

1969 年美国第一条太平洋铁路通车 100 周年的纪念牌。上面写着：“为褒扬先侨丰功伟绩，横贯美国铁路完成百周年，立此纪念。一九六九年五月十日。”

225

19 世纪 70 年代，数千名华工来到美国加利福尼亚州中部沿海小镇圣路易奥比斯波，修筑了通往港口的铁路。2003 年，当地火车站广场树立起一座筑路华工铜雕，名为“开路先锋”，以纪念华工对当地经济繁荣作出的贡献。

226

当年羁押华人移民的天使岛，曾是华人越过太平洋进入美国的大门，如今已经成为美国国家历史遗迹。1979 年 4 月 28 日，天使岛木屋羁押所举行纪念碑揭幕典礼。黑色花岗岩石碑上刻着"别井离乡飘流羁木屋，开天辟地创业在金门"，这是白手起家的洗衣工李相写下的对联。今昔对比，令人感慨万千。

227

228

1982 年 10 月树立的耶鲁中华铁路华工纪念碑，是不列颠哥伦比亚省政府在太平洋铁路起点耶鲁镇修建的一座铜质记功碑，也是加拿大第一座用汉语、英语和法语三种文字刻写的纪念碑。上面写着："十九世纪八十年代初，承包商翁得路·安德东克自中国招来数以千计之华工，协助加拿大太平洋铁路公司横越卑诗省群山之铁路，太平洋与克瑞极拉契之间一段工程，工人中华人居三焉。华工优异，然日入仅一元，为白种工人薪给之半，又因工程凶险，诸多艰苦，其亡于疾病及事故者累百……铁路建成之后，定居于加拿大之华工，遂成为今日卑诗省华人社团社区之基石。"

229

230

1988 年建立的温哥华华工纪念碑。这是加拿大第二座太平洋铁路纪念碑，由中华会馆和中华文化中心筹款建立，碑文刻在温哥华中华文化中心所在地的墙壁上。

231

232

233

234

235

立于 1989 年 9 月、坐落在加拿大多伦多天虹体育馆西北侧入口处的华工纪念像。纪念像旁矗立着来自落基山的巨石，使人触景生情，联想到当年华工开山辟路的艰辛。100 多年前的 1886 年，不少人在此迎接第一列从西部温哥华开来的火车。纪念像的建立，象征沉默的华工与太平洋铁路同在。

236

1997年6月11日在加拿大温尼伯市阿辛尼玻恩公园内树立的铁路华工纪念铜像。碑文为中英文对照。上面写有："1947年5月废除排华法案五十周年纪念铜像，为表彰加太铁路华工向加国贡献之血汗功绩，特由缅省华社邀请名雕塑家莫励澳先生于九七年精制。"

237

温哥华华埠的华人先侨纪念碑，坐落在凯弗尔街和哥伦比亚街交界的华埠纪念广场，设计颇具中国特色。该纪念碑是为表彰华人对加拿大的贡献，由温哥华市政府、不列颠哥伦比亚省政府和加拿大联邦政府共同兴建的，于 2003 年 11 月 2 日正式落成揭幕。纪念碑由华裔雕刻家程树人负责设计和雕刻，大连造船厂华南铸造厂铸造。主体建筑为“中”字形石碑，正、背面为对联“加华丰功光昭日月，先贤伟业志壮山河”；石碑两旁为太平洋铁路华工和二战华裔军人铜像。选择这两种形象为华裔先侨塑像，是因为这两类划时代的人物最能代表百多年来华裔先侨在加拿大奋斗的历史。

1976 年 9 月 5 日，南加州华侨历史学会建立了南太平洋铁路与圣费尔南多大隧道华工纪念碑，碑文铭刻着："加州铁路，南北贯通，华裔精神，血肉献功。" 英文题词为："值此路百年纪念之际，谨以此碑敬献给曾参加修筑南太平洋铁路与圣费尔南多（华侨俗译'圣化南度'）大隧道的 3000 名华工。他们的劳动使加利福尼亚州有了第一条南北大铁道，并改变了加州的历史。"

238

239

加拿大皇家造币厂 2004 年 11 月 27 日发行一套两枚"2005 铁路华工纪念币"，以纪念加拿大太平洋铁路建成 120 周年。纪念币为纯银制造，中央部分镀金，正面分别以不列颠哥伦比亚省弗雷泽河铁路桥上一辆空载车及 1989 年多伦多市中心树立的铁路华工纪念像作为设计图案。背面是由艺术家苏珊娜·伯恩特设计的伊丽莎白二世女王肖像。全套定价 120 加元，与纪念铁路建成 120 周年相吻合。

240

美国犹他州金道钉国家历史遗址游客中心的油画，名称为：WE BUILT THE RAILROAD THAT BUILT AMERICA（我们建造了铁路，铁路成就了美国）。

油画中左侧人物是一位强健的中国劳工。该油画真实地反映了华工与其他族裔的劳工合作共建第一条横跨美洲大陆的铁路，为美国经济进入狂飙发展时期所作的贡献。

241

中國鐵路工人紀念塔

中國建路工人所作的貢獻是連接美國東西兩岸並促成其國家統一的一個極重要的因素。本紀念塔用三仟枚鐵路道釘塑造，以表彰他們的業績，並象徵伊州人民和中國人民之間的持久友誼。

美國伊利諾斯州政府 贈
州長 詹姆斯R・湯普森
塑造者 格洛妮亞・柯南
一九九一年一月六日

CHINESE RAILROAD WORKERS MEMORIAL

A MOST SIGNIFICANT FACTOR THAT CONNECTED THE EASTERN AND WESTERN COASTS OF THE UNITED STATES AND UNITED THEM INTO A NATION WAS THE CONTRIBUTION MADE BY THE CHINESE RAILROAD WORKERS. THIS MEMORIAL TOWER OF 3,000 RAILROAD SPIKES COMMEMORATES THEIR DEEDS AND ATTESTS TO THE CONTINUING FRIENDSHIP OF THE PEOPLE OF ILLINOIS FOR THE PEOPLE OF CHINA.

PRESENTED BY THE STATE OF ILLINOIS,
UNITED STATES OF AMERICA.
James R. Thompson, Governor
Gloria Connan, Sculptress
January 6, 1991

242

坐落在上海广元路、衡山路口街头花园内的中国铁路工人纪念塔，是1991年由美国伊利诺伊州政府捐赠的，以纪念13000余名为建设横贯美国大陆铁路而亡的华工。太平洋铁路工程有“每一公里的路轨下埋葬着一个华工”之说。碑体由3000枚当年的铁路道钉实物焊成，连成一线，盘绕而上，是中美两国友好交往的象征。

后记

本书从2005年12月初策划到编著出版，前后十个月左右，其间，通过在美国、加拿大和国内的网站和纸媒等各种渠道，夜以继日地收集了1000多幅图片和上百万文字资料，画册的编著经过八次修改，从中精选了200幅左右图片，并一一编写了文字说明，并在附录中注明了图片来源、注释、主要参考书目和资料。在编著修改过程中与编辑保持密切联系和沟通，文稿定稿后又经图文责任编辑和主编认真加工润色，终于与读者见面。

须要特别说明的是，在编著过程中我们不仅就收集到的图片进行了认真的比照、甄别和精选，而且力所能及地考查了图片来源和收藏单位，联系图片的版权保护事宜。尽管我们使用的不少图片的原创时间已经超过了《伯尔尼公约》规定的50年的版权保护期，作为用于公益事业和非营利目的的出版物，我们有权使用这些图片，然而我们仍然严格遵照知识产权保护公约的精神和学术规范，与数十家图片来源和收藏单位进行多次联系，取得共识、支持和理解，比较妥善地解决了图片的使用和出版问题。其中有些图片征得收藏单位同意免费使用，有些则付给一定的用于翻拍的管理费用。对于经过多次联系仍无回复的图片收藏单位，我们除了注明来源外，还储备了一定的费用，一旦信息沟通后即转交给图片收藏单位。

在编著出版过程中我们得到了国内外许多高等院校、博物馆、图书馆、展览馆、网站、单位、组织和学者个人的各种形式的支持和帮助。其中在美国的有俄亥俄州立莱特大学华裔资深教授袁清先生，他不仅多次提供信息，而且亲自到加州大学伯克利分校班克罗夫特图书馆和内华达州铁路博物馆等地联系图片资料。为画册提供图片资源信息的还有宾夕法尼亚州印第安纳大学历史系主任王希教授、内华达州卡尔森铁路博物馆义工David Fong博士、中央太平洋铁路摄影历史博物馆、美国国会图书馆、美国加州大学伯克利分校班克罗夫特图书馆、加州州立图书馆、加州奥克兰博物馆、美国国家公园管理局、美国抗日战争史实维护会负责人吕建琳女士、加拿大太平洋铁路公司、加拿大皇家造币厂等。IBM公司周念军博士、瑞士银行高级职员John Painter先生等，在技术维护和保障方面付出了巨大的辛劳。中国驻美大使馆公使衔参赞苏格教授、中国驻加拿大大使馆文化处的李彩云女士提供了很好的咨询意见。特别是加拿大多伦多国际学院李宁玉博士无私地提供了《枫骨中华魂》画册，并慨然同意免费使用其中的一些图片用于出版。在国内，提供信息资源帮助的有南开大学美国历史与文化研究中心副教授罗宣博士，北京师范大学历史系教授梅雪芹博士、教授孙燕京博士、网络技术学院在读博士生罗敏女士，吉林大学外国语学院副教授王朝晖博士，暨南大学图书馆华侨华人文献信息中心徐云女士，北京大学历史学系谭圣安教授，徐继畬研究会会长任复兴先生，国家图书馆于鹏先生，中国社科院近代史研究所宋广波先生，人民出版社资深编辑、中国美国史研究会顾问邓蜀生编审，法制出版社社长兼总编祝立明编审，学术批评网主持人、中国政法大学杨玉圣教授等。须要特别提到的是国务院新闻办公室图片库、中国新闻图片社、广东省台山市档案局等单位，丁刚、郑宇飞、傅文森、刘淳、夏宁等先生提供了不少图片资源。

我是在 2005 年 12 月 9 日赴美探亲前夕接受编著任务的，要在短期内完成高质量的图文并茂画册，要使画册具有知识性、可读性的雅俗共赏的效果，对我是一种全新的尝试。这不仅是由于编著画册对我来说是头一回，而且所有图片资料的收集、整理、汇总、甄别和编撰工作主要在网上进行，这也是头一回。尽管画册的图片属历史资料，但是整部画册的立意构思和文字表述，既立足于对于历史的考察和研究，同时也考虑到时代的要求和读者的方便，既力求做到尊重历史，又要富有新意。

图片涉及的来源和收藏单位多达数十家，其工作量之大和困难之多，可想而知。在一般情况下，类似画册即使以一个团队也须用一年左右的时间来完成。为此，我不敢有丝毫怠慢，放下手头其他任务、放弃休闲时间，用倒计时安排编著进度，以期在确保质量的情况下按时完成任务。我要感谢我的家人从时间、技术、财力上给予的全力支持和充分理解，否则要按期完成任务是不可能的。这不仅因为画册给作者编著规定的时间很紧，而且网上查询和必要下载面临一些技术难题，还由于整个课题没有丝毫启动资金和赞助，全部需要自费投入，仅仅打印下载的图片等的耗费就达近千美元。还要特别提到五洲传播出版社年轻的责任编辑覃田甜女士，她的热情和执着，一丝不苟的负责态度，在领导和作者之间的及时沟通，给我留下了极其深刻的印象。为了这部画册的出版，仅在作者和编辑之间的越洋电邮就多达近千次，还有必要的越洋电话。如果不是作者与编辑之间的相互理解、信任和配合，也难以想象能够如期完成出版任务。对作者和编辑来说，画册编著和出版本身就是我们自己重新学习的过程，尤其是在重视版权保护方面，我们力求做到保护图片作者和收藏单位的合法权益，同时也考虑到画册的公益性质，尽量降低出版成本，使读者受惠。须要说明的是按照协议，有关版权接洽方面的工作是由出版社负责的，在这方面出版社编辑做了大量的工作，没有这方面的有效工作，画册的顺利出版是不可能的。

承蒙南开大学美国历史与文化研究中心副教授张聚国博士慨然允诺，放下手头工作及时将本画册的中文译成英文，并订正了送审稿中一些用词，美国教授袁清博士为译文进行了审定，在此一并表示衷心的感谢。

画册的正式面世，了却了一桩心愿，作为年届七旬的美国史研究者，笔者倾注了对于沉默的华工们的深切思念，愿他们永远活在中国、美国、加拿大人民的心中。

黄安年

2006 年 6 月 15 日于美国康州丹伯里寓所

注 释

[1] 这座华盛顿纪念塔为白色大理石方尖碑，高169.33米，重9.1万吨，历时36年竣工。碑身由190块纪念石块组成。

[2] 华盛顿纪念碑内刻有徐继畬的两段话："按，华盛顿，异人也。起事勇于胜广，割据雄于曹刘。既已提三尺剑，开疆万里，乃不僭位号，不传子孙，而创为推举之法，几于天下为公，骎骎乎三代之遗意。其治国崇让善俗，不尚武功，亦迥与诸国异。余尝见其画像，气貌雄毅绝伦。呜呼！可不谓人杰矣哉。""米利坚合众国以为国，幅员万里，不设王侯之号，不循世及之规，公器付之公论，创古今未有之局，一何奇也！泰西古今人物，能不以华盛顿为称首哉！大清国浙江宁波府镌，耶稣教信辈立石，咸丰三年六月初七日，合众国传教士识。"（原文见《瀛环志略》）

[3] 详见《克林顿对北京大学师生的讲话》（1998年6月29日），美国驻华大使馆新闻文化处。

[4] 当时的帆船时代，航行的日期都很长，所以货运吨位价格也特别高。

[5]1848年12月5日，詹姆斯·波尔克总统在致国会的咨文中正式公布了这一消息，证实加利福尼亚金矿的发现。从圣弗朗西斯科到洛杉矶，从沿海到内华达山麓，整个地区都喊着："淘金！淘金！"起初，由于金沙在地表层，所以只要用一个普通的洗脸盆，就可以从沙里淘洗出黄金。那时，平均每人一天能有20美元的收入，这相当于美国东部工人日工资的20倍。在一个富矿区，人均日收入是2000美元。1853年，"淘金热"达到顶点，加利福尼亚的黄金产值由1848年的500万美元增加到6500万美元；1851—1855年美国的黄金产量几乎占全世界的45%，美国由此很快地成为世界上最大的产金国。马克思和恩格斯在1850年11月撰文称，"加利福尼亚金矿的发现使美国的繁荣达到了顶点。"在"淘金热"的影响下，华人来美人数激增。

[6] 详见《筹办夷务始末》，同治朝，第69卷，第20页，以及《中外条约汇编》，第132页。

[7] 详见《清史稿》志第131卷《邦交志·四·美利坚》，第4588页，中华书局1976年。陆鼎元在编辑《各国立约始末记》（卷八，《续修条约》［光绪六年］编者按语）中写道："华工至美国自咸丰季年（公元1852年）始，往者皆聚于旧金山，是为加利福尼亚省滨海都会，时初属于美，新得金矿，议开铁路，方利用华工，在香港设招工公司，广务招徕。至同治（开始于1862年）初，已有万余人，三四年间至者骤多。"

[8] 详见*Report of the Joint Special Committee to Investigate Chinese Immigration*及陈翰笙主编：《华工出国史料汇编》第三辑《美国外交和国会文件选译》，中华书局，1981年版，第239—241页。随着美国国内尤其是加利福尼亚州排华浪潮的掀起，1876年7月6日美国参议院通过决议，指派三位参议员，会同众议院于7月17日通过决议所指派的三位代表，组成联合委员会，共同调查了中国移民在美国入境的程度和影响。1877年2月27日，美国国会两院调查中国人入境问题联合特别委员会向美国第44届国会第2次会议提交报告书，编号为第689号。报告书前言说："太平洋方面的资源由于利用中国人的劳力，而正在令人满意地得到开发和发展。在作证的其他人员中，那些雇用大批中国劳工的人们，和在招运他们入境的业务中有利益关系并且从中赚到钱的人

们，一致证明中国人入境的后果是大大地增进了太平洋岸的物质繁荣。”“太平洋沿岸地区的资源由于有了廉价而听话的华人劳工，已经而且正在以比没有这种劳工时更为迅速的速度进行着开发。”

[9] 克劳克在回忆录中提到：“铁锤、凿子和绳子是当时唯一能够用来凿岩的工具。凿岩的时候首先在花岗岩的缝隙里插入铁桩，将绳子结在它的上面。其中一条绳子结在华工身上，另一条绳子用来悬吊装有黑色火药的竹笼，以便爆破岩石，这样就不会发生什么危险的事故。我们已经完成了在美国铁路史上可算是最艰巨的一项工程。这项工程之所以能这么快取得成功，应该归功于华工们的默默奉献。”

[10]1869 年 5 月 15 日，《旧金山新闻》的记者描述了在普罗蒙特里丘陵举行的庆祝会的最后场面：“工程全部结束时，J · H · 斯特罗布里奇邀请华工们在他的车厢中进晚餐。当华工们进入时，所有的宾客和官员都一起欢迎他们，他们作为从族群中选出来的代表在修建铁路的过程中作出巨大贡献……颂扬赞誉之词显然让华工们也感受到莫大快乐。”

[11]Milly Lee 的儿童故事书《地震》(*Earthquake*, Yangsook Choi. Farrar, 2001)，从一个孩子的角度和回忆，记述了一家普通华人在旧金山市大地震时的经历。书中描述说，1906 年 4 月 18 日的凌晨，地震将五个孩子和他们的父母从床上惊醒，其中一个八岁的小女孩就是 Milly Lee 的母亲。父母随即收拾好细软、被子、衣物和简单食物，找来两个亲戚和一辆手推车，带着孩子们离开家。当时华埠所有民众都集中在花园角广场，等待天亮，有的准备逃往金门公园，也有许多华人前往屋仑华埠，当时那里只有一个小小的华人聚集区域。天亮了，人们用手扒开一条路，让手推车通过，一大群人就这样手脚并用地爬山越岭。终于到达了为华裔设置的栖身帐篷时，人们才吃到食物、可以睡觉。 由于当时种族歧视严重，出于对人身安全的考虑，很多华人只敢在华埠活动，地震逃难是他们生平第一次走出华埠，认识旧金山市。而当时的避难收容所，也是将华人单独隔离开来。当时另外一个严峻的历史事实是，在地震之后的全市重建计划中，华埠最初没有被包括在内。

[12] 加拿大不列颠哥伦比亚省省会维多利亚，是维多利亚岛上最大的城市，以英国女王维多利亚的名字命名，1868 年成为不列颠哥伦比亚省的首府，是加拿大距亚洲最近的港口。当年华人、华工占维多利亚全部人口的 1/4 左右，该市也是当年加拿大白人种族主义排华势力猖獗的城市之一。

[13] 有关人头税的证据还可见：1918 年 8 月 2 日，由加拿大内务部发出的人头税收据；1921 年 2 月，加拿大移民机构在收了王姓华工 500 加元后办理的进入加拿大证明；铁路华工盘欣昌之孙盘占元缴纳人头税 500 元的凭证。目前加拿大还有少量健在的人头税亲历者。李宁玉博士于 2005 年出版了《人头税始末》一书。

[14] 详见《致恩格斯的信（1869 年 8 月 10 日）》,《马克思恩格斯全集》，第 32 卷，第 340 页。《致海 · 施留特尔（1892 年 3 月 30 日）》,《马克思恩格斯全集》，第 38 卷，第 316 页。

[15] 详见《红旗》1958 年第 3 期。

[16] 详见《美国百科全书》(*Encyclopedia Americana*)，第 23 卷，第 220 页。

附录一：图片来源

任复兴 1-4, 217

北京师范大学 5, 35, 36, 39, 40, 219

Bill Moyers ed., *Becoming American: The Chinese Experience*, Gold Mountain Dreams 6, 11, 16, 19-21, 23-25, 27, 31-34, 55-58, 69, 86-89, 130

Gettyimages 7, 9, 12, 15, 17, 26, 30, 74, 90, 101, 104, 115, 136, 137, 214, 216

美国加州大学伯克利分校班克罗夫特图书馆（The Bancroft Library, University of California, Berkley）8, 18, 28, 29, 107, 108, 131, 134, 135

美国加州奥克兰博物馆（The Andrew J. Russell Collection, the Oakland Museum of California）10, 41, 75, 76, 85, 95

李宁玉 13, 158-182, 184-190, 193-209, 215, 227, 228, 236

美国加州州立图书馆加州历史室（The California History Room, California State Library, Sacramento, California）14, 68

美国中央太平洋铁路摄影历史博物馆（Central Pacific Railroad Photographic History Museum）22, 47, 48, 50, 64-67, 77, 78, 80, 94, 96, 106, 110, 122-123, 125, 128, 129

江门五邑华侨华人博物馆 37, 38, 42-46

国务院新闻办公室图片库 49

美国国会图书馆（The U.S. Library of Congress）51, 102, 113, 121

李炬 52-54, 71-73, 81-84, 91, 92, 97, 98, 127, 145-148, 240

美国西部历史博物馆（American Western History Museum）59-62

五洲传播出版社 63, 119, 120, 218

中新社 70, 79, 93, 99, 100, 103, 111, 112, 114, 116-118, 124, 143, 210-213

IMAGINECHINA 105, 126, 138-141, 191, 192, 226

美国国家公园管理局（National Park Service）109, 224

广东省台山市档案局 132, 133

董宇 142

《南方周末》144

黄健能 149-152

黄安年 153-156, 241

加拿大太平洋铁路公司（Canadian Pacific Railway）157

郑宇飞 183

汤慧云 220-223

丁刚 225

傅文森 229, 230, 237

刘淳 231-235

美国南加州华侨历史学会（Chinese Historical Society of Southern California）238

加拿大皇家造币厂（Royal Canadian Mint）239

夏宁 242

附录二：主要参考书目和资料

1.1 中文文献资料

陈翰笙主编：《华工出国史料汇编》第 3 辑《美国外交和国会文件选译》，中华书局，1981 年；第 7 辑《美国与加拿大华工》，中华书局，1984 年

陆鼎元编：《各国立约始末记》（卷八），《续修条约》（光绪六年）

美国外交文件及公档汇编：《美国与中国丛刊》第一种，第 17 卷《苦力贸易与中国移民》

《清史稿》，第 131 卷《邦交志 · 四 · 美利坚》，中华书局，1976 年

《筹办夷务始末》，同治朝，第 69 卷

阎广耀、方生选译：《美国对华政策文件选编》，人民出版社，1990 年

1.2 中文著译作

[美] 陈依范著：《美国华人史》，世界知识出版社，1987 年

陈卓权等：《台山县华侨志》，台山侨务办公室，1992 年

梅伟强、张国雄主编：《五邑华侨华人史》，广东高等教育出版社，2001 年

苏绍兴编：《加拿大太平洋铁路华工建路史实》，纪念加拿大铁路华工基金会，1989 年

张庆松著：《美国百年排华内幕》，上海人民出版社，1998 年

1.3 中文论文

丁则民：“美国中央太平洋铁路的修建与华工的巨大贡献”，《史学集刊》1990 年第 2 期

黄安年：“中央太平洋铁路的建成与在美华工的贡献”，《河北师范大学学报》1999 年第 2 期

黄安年：“近代中美之间的平等和不平等关系”，《九江师专学报》1999 年第 3 期

[美] 亚历山大 · 塞克斯顿：“19 世纪华工在美国筑路的功绩和牺牲”，原载《太平洋历史杂志》1966 年 5 月刊；彭家礼译载于《世界历史译丛》1979 年第 4 期

王寅：“19 世纪下半叶华工对美国铁路建设的贡献”，《历史教学问题》1999 年第 4 期

奚国伟：“为建筑美国第一条横贯大陆的铁路作出贡献的华工”，《历史教学问题》1994 年第 5 期

杨国梁：“美国华工与中央太平洋铁路”，载《华侨史论文集》第 4 卷，1984 年

朱杰勤：“十九世纪后期中国人在美国开发中的作用及处境”，《历史研究》1980 年第 2 期

2.1 英文文献资料

CPRR Annual Reports, 1863-1866

Chinese Exclusion Act (1882)

The Chinese Exclusion Repeal Act (1943)

Enforcing the Borders: Chinese Exclusion along the U.S. Borders with Canada and Mexico, 1882-1924

Journal of the Senate of the United States of America, being the 1st session of the 38th Congress, July 1, 1864；July 2, 1864

Pacific Telegraph Act of 1860, Approved July 1, 1862

Report of the Special Commissioners upon the Central Pacific Railroad, February 27, 1869

Report of the Joint Special Committee to Investigate Chinese Immigration, U.S. Senate, 1877

Testimony of J. H. Strobridge, U.S. Pacific Railway Commission

2.2 英文著作

Berton, Pierre, *The Last Spike: The Great Railway*, 1881-1885, Toronto, McClelland & Stewart, Ltd., 1971

Chan, Anthony B., *Gold Mountain: The Chinese in the New World*, Vancouver, New Star, 1982

Chang, Iris, *The Chinese in America: A Narrative History*, Viking Press, 2003

Coolidge, Mary Roberts, *Chinese Immigration*, New York, Holt, 1909

Con, Harry, et al., *From China to Canada: A History of the Chinese Communities in Canada*, Toronto, McClelland & Stewart, 1982

Deverell, William, *Railroad Crossing: Californians and the Railroad, 1850-1910*, Berkeley, University of California Press, 1993

Galloway, John D., *The First Transcontinental Railroad – Central Pacific, Union Pacific*, New York, John Wiley & Sons, 1955

Sabin, Edwin L., *Building the Pacific Railroad,* Philadelphia and London, J. B. Lippincott Co., 1919

Saxton, Alexander, *The Indispensable Enemy: Labor and the Anti-Chinese Movement in California*, Berkeley and Los Angeles, University of California Press, 1971

Sinnott, Susan, *Chinese Railroad Workers*, New York, Franklin Watts, 1994

Yen, Tzu-Kuei, *Chinese Workers and the First transcontinental Railroad of the United States of America*, Ann Arbor, Mich., New York, St. John's University, 1977

2.3 英文论文

Chew, William F., "Chinese by the Numbers," Chapter 4, from *Nameless Builders of the Transcontinental Railroad*, 2004

Ping Chiu, "Chinese Labor in California, 1850-1880: An Economic Study," Madison, *State Historical Society of Wisconsin*, 1967

Grey, Alan H., "Roads, Railways, and Mountains: Getting Around in the West," *Journal of the West*, 33 (July 1994)

Klein, Maury, "The Coming of the Railroad and the End of the Great West," *American Heritage of Invention & Technology*, 10 (Winter 1995)

Martha B. & Miller M.A., "The Chinese and the Central Pacific Railroad: An example of Labor and Immigration in the Nineteenth Century," University of Hawaii at Manoa, 1989.

Saxton, Alexander, "The Army of Canton in the High Sierra," *Pacific Historical Review*, 35 (1966)

Strobridge, Edson T., "The Chinese at Promontory, Utah," April 30-May 10, 1869

3.1 图片画册

李宁玉编著:《枫骨中华魂》,云南人民出版社,1998 年

3.2 报纸杂志

Harper's Weekly

Hutchings' California Magazine, 1860 edition

San Francisco China News

Utah Historical Quarterly

3.3 博物馆、图书馆

The Andrew J. Russell Collection

Angel Island Immigration Station

The Bancroft Library, University of California, Berkeley

British Columbia Archives

California Historical Society

California State Library, Sacramento, California

Central Pacific Railroad Photographic History Museum

Chinese Historical Society of Southern California

Chinese Immigration and the Chinese in the United States (U.S. National Archives)

Chinese Immigration Files (U.S. Citizenship and Immigration Services)

Denver Public Library, Western History Collection

Library of Congress

National Archives and Records Administration

National Park Service

Nevada County Historical Society

Nevada Kam Wah Chung & Co. Museum

The Oakland Museum of California

San Francisco Maritime

The Virtual Museum of the City of San Francisco

3.4 图片和音像制品

The Chinese in California, 1850-1925

A Bill Moyers special, *Becoming American: The Chinese Experience*

Nevada State Railroad Museum Chinese Exhibit

电视纪录片《金山幽影》

电视纪录片《枫骨中华魂》

电视纪录片《根在五邑》

3.5 相关网址

http://www.acwang.com

http://www.collectionscanada.ca

http://www.chinaqw.com.cn

http://www.chinaculture.org

http://www.denverlibrary.org

http://www.loc.gov

http://www.hti.umich.edu/m/moagrp

http://onlinebooks.library.upenn.edu